沖縄の論理は正しいのか？

翁長知事へのスピリチュアル・インタビュー

大川隆法
Ryuho Okawa

まえがき

沖縄が再び基地問題で揺れている。

菅官房長官と翁長知事との二日前の会談は、事前の予測通り平行線をたどった。官房長官は沖縄みやげとして、「上から目線」を感じるとされた「粛々と」という言葉をもう使わないという約束をした。

安倍総理が、次は翁長知事と会ってから、四月末にオバマ大統領に会うため訪米する予定となっているが、辺野古移転問題が空転すれば、日米同盟もあやういものになるだろう。

本書では、マスコミ報道では知ることのできない沖縄県知事の本心をスピリチュアルに直撃インタビューを試みた。本人が公式の場では言えないところまで「ボーの人々に読んで頂けたら幸いである。
リング」したつもりである。安倍首相にも、日本国民にも、そして、何よりも沖縄

二〇一五年　四月七日

幸福の科学グループ創始者兼総裁
幸福実現党総裁　大川隆法

沖縄の論理は正しいのか？
――翁長知事へのスピリチュアル・インタビュー――

目次

沖縄の論理は正しいのか？
――翁長知事へのスピリチュアル・インタビュー――

二〇一五年四月七日　収録
東京都・幸福の科学総合本部にて

「霊言現象」とは、あの世の霊存在の言葉を語り下ろす現象のことをいう。これは高度な悟りを開いた者に特有のものであり、「霊媒現象」（トランス状態になって意識を失い、霊が一方的にしゃべる現象）とは異なる。外国人霊の霊言の場合には、霊言現象を行う者の言語中枢から、必要な言葉を選び出し、日本語で語ることも可能である。

また、人間の魂は原則として六人のグループからなり、あの世に残っている「魂の兄弟」の一人が守護霊を務めている。つまり、守護霊は、実は自分自身の魂の一部である。したがって、「守護霊の霊言」とは、いわば本人の潜在意識にアクセスしたものであり、その内容は、その人が潜在意識で考えていること（本心）と考えてよい。

なお、「霊言」は、あくまでも霊人の意見であり、幸福の科学グループとしての見解と矛盾する内容を含む場合がある点、付記しておきたい。

沖縄の論理は正しいのか？

——翁長知事へのスピリチュアル・インタビュー——

二〇一五年四月七日　収録

東京都・幸福の科学総合本部にて

翁長雄志（一九五〇～）

沖縄県知事。法政大学法学部を卒業後、一九八五年に那覇市議会議員に初当選。その後、沖縄県議会議員、那覇市長などを歴任。かつては自民党に所属し、米軍普天間飛行場の辺野古移設を容認していたが、民主党政権時代に掲げられた県外移設に同調し、反対派となる。二〇一五年四月五日、菅義偉官房長官が、翁長知事と那覇市内のホテルで会談し、辺野古への移設問題をめぐって意見交換するも、話し合いは平行線に終わった。

質問者　※質問順

里村英一（幸福の科学専務理事〔広報・マーケティング企画担当〕）
綾織次郎（幸福の科学上級理事 兼「ザ・リバティ」編集長）
矢内筆勝（幸福実現党総務会長 兼 出版局長）

［役職は収録時点のもの］

1　翁長(おなが) 沖縄県知事の「本心」を訊く

菅(すが)官房長官との会談で「辺野古移設反対」を強調した翁長知事

大川隆法　二日前（二〇一五年四月五日）に、菅(すが)官房長官が沖縄に入られて翁長(おなが)知事と対話されましたが、予想通り、平行線のままでした。まあ、「足を運んだ」という事実だけが残ったというところでしょうか。

幸福の科学としては、沖縄問題について、過去に幾つか意見も発表はしていますので、当会の考えは、ある程度、出てはいると思います。

このあと、翁長知事は安倍総理とも会談をして、それから安倍さんは、アメリカへ行こうと考えているところでしょう。

ただ、先週末には、官房長官、総理大臣とも、守護霊が私のところへ来ていますので、危機感を持っていることは事実かと思います。

また、私としても、今の政権に対しては意見がないわけではなく、〝あることはある〟のですが、われわれも使命を果たさねばなりませんので、それは少し置いておきます。

やはり、今、「何が正しいか」ということについて考えるところがなければいけないでしょうから、今日は、そのあたりを中心に考えてみたいと思います。

最初に、「今までの当会の沖縄に対する考えに基づけば、こうなる」というようなことを決めつけてしまうと、そのあと調べても、それほど意味がないことになりますので、今日は、事前解説はできるだけ省くこととします。

まず、「翁長知事の本心はどんなものか」ということについて、いろいろな質問をすることで、「だいたいの考え方」「沖縄の心をどういうふうに思っているのか」「本土のほうは、どのように違っていると感じているのか」「アメリカや中国、あるいは、ほかのところについて、どう思っているのか」といったあたりを探ってみましょう。そして、彼の論理に、われわれの意見を変えさせるようなものがあるかどうかを調べてみたいと思います。

もし、私たちのほうに見落としているところがあり、翁長知事の守護霊の意見を聞いて、「ああ、なるほど。そういうことであれば考えを変えなきゃいけないのかな」と思うようなところがあって、納得がいったならば、われわれも潔く、考え方を一部修正することには吝かではありません。

今日は、当会の論客が三名揃っており、私が訊かなくても、おそらく同じようなことを訊いてくれるのでしょうから、話をしてみて、どんな人物像が浮き上がってくるのかを見てみたいと思います。あるいは、この人の「心のルーツ」のところまで探ってもみたいと考えています。

かつて、（辺野古移設）容認派だった人が反対派に回っているわけですが、このあたりも気になるところではあります。

そういうことで、まず、「どういう人物か」「どういう考えか」「本心はどんなところにあるのか」というあたりを探ってみます。

安倍総理と菅官房長官の守護霊が来て言ったこと

大川隆法　もちろん、地方自治体と国家の統治の問題との兼ね合いも出てくるでしょうし、これによっては、おそらく今後、「大阪都構想」等にも影響が出ることになると思います。

ある種の本によれば、「明治維新は誤(あやま)りだった」という感じで、あの辺(へん)から全部否定して引っ繰り返そうとする動きもないわけではありません。

また、天皇、皇后両陛下が、明日（二〇一五年四月八日）からパラオ共和国のペリリュー島を慰霊のためにご訪問なさいます。先日、HSU（ハッピー・サイエンス・ユニバーシティ）でも話したことなのですが（注。二〇一五年四月四日、HSUの開学式において、「ニュー・フロンティアを目指して」と題し、説法をした）、過日、安倍総理の守護霊が私のところに来て、言ってきたのは、次のようなことでした。

● HSU（ハッピー・サイエンス・ユニバーシティ）　「現代の松下村塾」として2015年4月に開学の「日本発の本格私学」（創立者・大川隆法）。「幸福の探究と新文明の創造」を建学の精神とし、初年度は人間幸福学部、経営成功学部、未来産業学部の3学部からなる（4年課程）。

「天皇陛下がペリリュー島へ行かれるのだけども、そのことの意味を、ご自分の言葉で解説はしてくださらない。ペリリュー島から靖国参拝までの意味がどうつながっているのか。これを八月十五日までに、元首なら言葉で語ってほしいのだけれども、言ってくれない。でも、私が言うと、必ず政権危機になるようになっているので、実に厳しい。ペリリュー島へ行くことだって、アメリカや中国、その他の神経を逆なですることにもなる。たぶん、このへんのところは、ちょっと言葉が足りないだろうし、自分が言うと僭越でもあるので、ちょっとつらいな」。そのようなことを言っていたのです。

どうやら、「ペリリュー島から靖国まで」の説明を、何か私のほうにしてほしそうな感じのことを言っていました。

また、菅官房長官の守護霊のほうは、「『パラオ諸島ペリリュー島守備隊長　中川州男大佐の霊言』（幸福の科学出版刊）はよかった。あの本はよかったから、硫黄島から沖縄戦まで言って、そのあとは、決着まで言ってくれるのが幸福の科学の使命じゃないか」というようなことを言っていました。

私は忙しいので、お二人の守護霊には帰っていただいたのですが、「仕事としては、本来なら幸福の科学が何か言うべきときに、何も言わないでいるというのは薄気味悪い」という感じなのかもしれません。

先入観を排し、公平な立場で翁長知事の守護霊に意見を訊く

大川隆法　もちろん、考えが別にないわけではないものの、今日は、そういうことをいったん棚上げにして、「真実は何か」ということを調べてみたいと思います。これ以上は言わずに呼んでみますので、訊いてみてください。

それでは、沖縄問題について霊査に入ります。

まず、沖縄県知事・翁長雄志氏の守護霊、あるいは、今、沖縄県知事に対していちばん影響力を持っている霊人にお出でいただき、そのご本心を伺いたいと思います。

幸福の科学が展開している論理と、どのようにぶつかるのか。あるいは、噛(か)み合うのか。また、政府に対し、どのようにするつもりなのか。今後の戦略等を考えておられるのか。あるいは、政府に過(あやま)ちがあって、正すべきことがあるのか。このあたりのことについて意見を聞きたいと思います。

この霊言は、映像が上映されたり、本になったりすると思いますけれども、決して、最初から翁長知事を批判するために行おうとしているものではなく、内容によっては、「批判」にもなれば「擁護」にもなる可能性があるものでありますので、そのような立場で迫っていきたいと考えております。

そして、終わったあとで、全体の感想を私なりに述べてみたいと思いますので、よろしくお願いします。

それでは、あまり先入観を入れないように、さっそく本人の守護霊に迫ってみたいと思います。

では、沖縄県知事・翁長雄志氏の守護霊よ。

翁長知事に最も影響力を与えている守護霊よ。

どうぞ、幸福の科学総合本部に降りたまいて、そのご本心を語りたまえ。

沖縄県知事・翁長氏の守護霊よ。

どうか、最も本人に影響を与えている方がお出でになり、われらにその心の内を明かしてくださいますよう、心の底よりお願い申し上げます。


(約十五秒間の沈黙)

2 〝安倍ファシズム〟と断言する翁長氏守護霊

いきなり、質問者を「上から目線だ」と非難する

翁長雄志守護霊　うーん。

里村　おはようございます。

翁長雄志守護霊　呼びつけるってのは、失礼なんじゃないか、ああ？　沖縄でやれよ、沖縄で。

里村　はい。

翁長雄志守護霊　ええ？　沖縄に来てやりなさいよ。沖縄へ来てねえ、沖縄県民を並べて、その前で知事にインタビューしなさいよ。ええ？　失礼だろうが。

里村　はい。もっともでございますけれども……。

翁長雄志守護霊　その、上から目線、どうにかならんか。

里村　いえ、決して、上から目線ではございません。私は、「粛々」という言葉を使いませんので。

翁長雄志守護霊　ええ？「粛々」なんて、沖縄で通じると思ってるのか。何のことか、意味、分からんわ。

●粛々　4月5日の会談で、菅官房長官の「粛々」という言い方を、翁長知事が「上から目線である」と批判した。

里村　まあ、最近、翁長知事のお言葉、一挙手一投足が非常に大きな話題となっていますので、ぜひ、今日は……。

翁長雄志守護霊　君、下手に出てきたなあ。

里村　いえいえ、もう（笑）、とんでもございません。翁長氏の守護霊様、あるいは、最も影響力のある方から、ぜひ、翁長知事の本当のお心を伺いたいと考えています。

もし、私どももまた、「やはり、それを守らねばならない」と思ったならば、きちんとそういう対応もさせていただきますし、ぜひ、そこのところのお話を頂きたいと思います。

翁長雄志守護霊　ああそう。幸福の科学ったら、もう、いちばん〝悪い団体〟で、いちばん〝悪い政党〟をつくって、あの、何？　幸福実現党って、〝不幸実現党〟じゃないか。ああ？

里村　まあ、今現在のところ、幸福実現党のスタンスは翁長知事とは違っているようですけれども、以前は知事も、必ずしもそういう立場ではございませんでしたので、今日は、そのあたりの変化も含めてお話をお伺いしたいと思います。

翁長雄志守護霊　あの〝美人党首〟とやらが、悪さしてるんだよ、あれなあ。沖縄のビーチに来て、水着着て、ポスターでも撮れよ！

里村　いえ、いえ、いえ。

翁長雄志守護霊　そうしたら、「沖縄の海は美しい」というのがよく分かるんだからさあ。

里村　まあ、今日のお話の展開次第ということで。

翁長雄志守護霊　「沖縄の海を守ろう！」ってポスターやれよ。そうしたら、沖縄でも、もうちょっと票が入るんだ。ええ？

菅官房長官を「成り上がり者」呼ばわりする

里村　分かりました。ありがとうございます。そうした〝アドバイス〟はまたあとで頂きますけれども。

それでは、まずお伺いしたいこととして、一昨日（二〇一五年四月五日）、菅官房長官とお会いされましたので、ぜひ、その感想ですとか、あるいは、最近、翁長知事の言動が非常に大きな話題になっていることについて、今、率直(そっちょく)に、どんなことをお感じになっているかをお聞かせいただきたいと思います。

翁長雄志守護霊　うーん。菅……、菅？　あのバッキャローが。ほんっとに。ああ！

里村　菅……、はい。

翁長雄志守護霊　法政（大学出身）のくせにねえ、偉そうに。官房長官なんて、上がりすぎだよ、ほんっとに、なあ？　あんなの、俺だって（同じ大学を）出てるんだからさあ（注。菅義偉官房長官と翁長雄志知事は、共に法政大学法学部を卒業している）。「ちょっとは跪(ひざまず)け」っていうんだ。ええ？　こちらは実力で上がってるんだからなあ。

里村　はい。

翁長雄志守護霊　あれ、たまたまやなあ。あれなあ？　もう、ほんっと、運がよくて。何だよ、秋田から集団就職……、なあ？　何だよ、そら。成り上がりもんがあ。偉そうに、官邸で。秋田へ帰って、市議でもやっとれっていうんだ。ああ？

里村　知事も市議出身でいらっしゃいますけど……。

翁長雄志守護霊　まあ、そうだけども。

里村　はい（苦笑）。

翁長雄志守護霊　わしのほうが、よっぽど優秀なんだ。沖縄から東京までで、こっちは大変なんだからなあ。ええ？　それはなあ、パスポートを持ってこないかんぐらいの大変な……、外国留学とも近いような。集団就職くらいで、偉そうに言うなっていうんだ。いいかげんにしろ。

里村　なるほど。

綾織　菅さんも若いころは非常にご苦労されていましたので……。

翁長雄志守護霊　そんなの関係ないよ。

綾織　非常に共感されているとは思いますけど。

翁長雄志守護霊　そんな、秋田から東京に出て苦労した人なんか、山のようにいるわ。そんなもん。

里村　（苦笑）それほど、菅官房長官に対しては不満というか……。

翁長雄志守護霊　だから、ライバル意識を感じるねえ。

里村　ライバル意識？

翁長雄志守護霊　ライバルっていうかなあ、成り上がり者は、ちょっと〝ハエ叩き〟でパシッと叩き落としてやりたいぐらいの感じがするわな。能力もないくせに偉そうに、「粛々」と仕事をしとるらしいのう？

里村　はい。

翁長雄志守護霊　次は「粛々」をやめて、「静粛」に仕事をさせてやりたいと思ってる。

里村　翁長知事は、具体的には菅官房長官のどういった言葉、あるいは主張が最も気に食わないのでしょうか。

翁長雄志守護霊　だから、「東京人」のふりをするなよ。「秋田県人」としてやっていきなさい。「秋田 対 沖縄の戦い」なら、五分と五分だから。

里村　今、東京や秋田ということではなく、「日本政府を代表する立場」ということで（苦笑）……。

翁長雄志守護霊　そういうところに入っとるのが間違っとる。そもそもな。もうちょっと地方自治をやりなさい、彼はな。

「菅は安倍の番犬」と罵る翁長氏守護霊

里村　知事は何度か東京に足を運ばれて、そのときは会えなかったのですが、今回は向こうから会いに来られて……。

翁長雄志守護霊　失礼だよな。ええ？　何回も行ってさあ。ほんっとに、昔の気持ちとかがよみがえってくるな。ほんとパスポートが要ったわなあ、あの時代。東京へ行くのは、外国の首都に行くようなもんだったからなあ。その気分を、もう一回味わわされたような気がするわなあ。

「会ってくれん」っていうところで、「自分が上だ」っていうことを示そうとしてんだろ？　マスコミがやっと協力してくれて、やつを引きずり出すことができたけどなあ。ほんっとに……。

里村　ただ、問題は辺野古の移設等のテーマであって、必ずしも個人の好き嫌いではないと思うんです。

翁長雄志守護霊　いやあ、個人もあるよ。

里村　個人もあったんですか。

翁長雄志守護霊　ああ。個人もあるよ。やっぱりねえ、安倍の〝番犬(ばんけん)〟と化してるわけよ、やっぱりね。それは日本人の総意にも、今、近づきつつあるんだ。

里村　もっとあとでお伺いするつもりだったのですが、安倍首相に対しても、やはり……。

翁長雄志守護霊　それは、もう言いたいことは山のようにあるわ。いっぱいあるけど、いいわ。どっからでも片付けるので。

「わしが〝安倍ファシズム〟から日本を守ってるんだ」

里村　それでは、まず辺野古の問題に行きます。

綾織　辺野古の問題については、「普天間基地の移設を絶対にさせない」ということを言っているのですが、これは、もう動かないものなんですか。

翁長雄志守護霊　なんで、またつくらないかんわけ？　撤退してほしいのにねえ、「新設する」っていうことは、どういうことよ。アメリカさんが勘違いするでしょ。「新設する」っていったらさあ、「もっと、ようなるんか」と思うでないの。アメリカ基地がなあ。「もっとサービスがよくなって、環境がよくなるんか」と思うじゃない？　それで、あの海岸のええところに行ったら、どうせ休みの日は海で泳いでねえ、「こりゃこりゃ」なんだろ？

まあ、そんな感じで、観光客もみんな恐れて逃げ出すようなことになるんだろうからさあ。

綾織　もともと翁長知事は反対論一辺倒ではなく、いちおう賛成の立場も取っておられました。それが那覇市長になり、その後、だんだん変わってきて、「絶対、反対」ということになりましたが……。

翁長雄志守護霊　いやあ、わしが日本を守っとるんだ、今はね。

綾織　えっ？

翁長雄志守護霊　わしが日本を守ってるんだ。

里村　日本を守る？

翁長雄志守護霊　わしが〝防波堤〟なんだ。もう、日本全体が今、〝安倍ファシズム〟にやられかかっとるからさあ。わしが〝防波堤〟となって、何とかしてこれを食い止めないかん。津波みたいなもんだなあ。

綾織　〝安倍ファシズム〟と米軍基地というのは、どうつながるのですか。

翁長雄志守護霊　うん。関係あるよ。連携してんだからさあ。だから、〝安倍ファシズム〟っていうのは、頭のないファシズムだからね。〝アメリカの番犬様ファシズム〟なんだよ。たくさんの〝犬〟がいるけども、全部、アメリカの笛一つで……。ピーッと笛を吹いたら、〝犬〟はワアーッと走る。これが〝安倍ファシズム〟の本質だよなあ。

だから、わしがこの〝犬〟を、棒で一発パシンッとやって、「キャイーンッ」と鳴かせて返したら、ファシズムの一角が崩れるわなあ。

里村　ただ、「その〝番犬〟を叩きたい」というのは、どちらかというと、要するに、そちら（米軍基地のある沖縄）に入ってこようとする側ですね。

翁長雄志守護霊　アメリカは侵略軍だからね。言っとくけど。「沖縄を占領されて、返還された」って言うけど、事実上、返還になってないわ。日本の基地の七十四パーセントだったかな？　そのぐらいが沖縄にあるんだろ？

あなたね、（沖縄は）面積が（国土の）〇・六パーセントなんですよ。

里村　はい。

翁長雄志守護霊　だから、日本の〇・六パーセントのところに、（日本にある）七十四パーセントもの米軍基地があるっちゅうな。え？

綾織　これは、自衛隊との共用基地も入れると二十数パーセントで、実は少ないのですけれども。

翁長雄志守護霊　ああ。

綾織　米軍単独で使う基地だと、七十数パーセントだと思います。

翁長雄志守護霊　〝産経的〟な立場に立つなよ！

里村　いえいえいえ。

綾織　産経ということでなく、事実関係です（苦笑）。

翁長雄志守護霊　産経新聞なんてな、あんた、沖縄なんかで読むやつは発狂者しかいないのよ。

里村　いや、これは客観的なデータですので。

綾翁長雄志守護霊　ええ？　売れてないんじゃないか、本当に一部も。

綾織　まあ、それは、ちょっとよく分かりませんけども。

翁長雄志守護霊　ああ？　うん。

綾織　ただ、安倍首相を、そういうふうに叩きたいと？　かつ、米軍は追い出したいということですね。

翁長雄志守護霊　あれも成り上がりもんだよな、ほんっとに。三代目ほど、バカはいねえからな、もうほんとな。実際上、そんなもん、町長だってできるぐらいの能力ないんじゃないか。

だけど、大叔父（佐藤栄作）だの、祖父さま（岸信介）とか、偉いとかいうだけでなっとんだよ、総理まで。あんなの、沖縄へ来てみいや。もう、市議選でも通ったら大したもんだぜ。その程度の人だよ。なあ?

綾織　何か、非常に個人的な感情のところに行ってしまっているのですけども（笑）。

翁長雄志守護霊　ああ、ああ。「個人的感情」であって、「沖縄の感情」なわけよ。

綾織　ああ、なるほど。

翁長雄志守護霊　（沖縄の民意を）代表してんだよ。

3　翁長氏守護霊が考える「辺野古移設」の解決策とは

「米軍が出たら、中国軍が沖縄を守ってくれる」

里村　まあ、そのあたりから、どうつながるのかを、さらにお伺いしたいんですけれども。

翁長雄志守護霊　おまえらに力がありゃどうぞ。

里村　はい。ありがとうございます。

それでは、現在のところ、辺野古移設は駄目だと。しかし、普天間基地が沖縄から出て行くということ、動くということは、今のところ現実問題としては考えられない状態です。
実際に、翁長知事はどういう解決策を考えられていらっしゃるのでしょうか。

翁長雄志守護霊　ある、ある、ある。解決策はある。全部引き揚(あ)げたらいいんで。

里村　全部？

翁長雄志守護霊　うん、うん。全部。

里村　米軍基地がですか？

翁長雄志守護霊　ああ、全部グアムに行ったらええわ。要らんわ。うん。それが解決策だ。

綾織　では、そのあとはどうなっていくのですか。

翁長雄志守護霊　え？　そのあと？

綾織　当然、自衛隊が沖縄に入ってくることになると思うのですけれども。

翁長雄志守護霊　自衛隊も、別に来なくてもいいよ。

綾織　来なくてもいい？

翁長雄志守護霊　うん。大丈夫、大丈夫。沖縄はねえ、中国軍が護(まも)ってくれるから、大丈夫。

綾織　あっ、中国が護る？

翁長雄志守護霊　うん。うん。

里村　中国が護るんですか？

翁長雄志守護霊　護ってくれる。うん。

綾織　今、米軍基地に使っているところを、そのまま中国が使うと？

翁長雄志守護霊　だから、今のまま（米軍基地を）置いといたら、いずれ対立になるから。尖閣問題その他でぶつかることになるから。

もう、撤去させてしまえば、対立は起きないから。うん、大丈夫よ。

里村　しかし、例えば、尖閣に、連日のように中国の侵入があると……。

翁長雄志守護霊　なんだ、そんなの。〝お客さま〟が来て何が悪いの？

里村　そんな（苦笑）。スクランブル（軍用機の緊急発進）もしているわけです。つまり……。

翁長雄志守護霊　そんな、スクランブルがいけないわけよ。〝歓迎〟しなきゃいけない。歓迎式典やらな。え？

里村　沖縄県の知事の足下（あしもと）が、他国から侵略されてるという、そういう認識はないと？　むしろ、歓迎すべきであるということですか。

翁長雄志守護霊　これから中国人は……。もうアメリカの軍隊さえ、米軍さえ引き揚げさせたらさ、中国資本が、バンバン進出して、観光産業その他、もういろんなものが……。それから工場もできたり、雇用も生んだり、中国の人も移民してきて労働力になるし、両方、「共存共栄（きょうそんきょうえい）」ができる可能性があるわけよ。

だいたい、日本に属してなきゃ、アメリカにあんなメタメタに殺されんでも済んだんだよ、先の大戦のときに。

綾織　ご自身の意識というのは、日本人として語っていらっしゃるのですか。それとも……。

翁長雄志守護霊　ええ？　日本人、〝琉球人〟として言ってるのよ。

里村・綾織　琉球人？

翁長雄志守護霊　うん。「琉球非武装中立論」で、沖縄を世界的な観光都市にしたい

里村　まあ、今、「日本に属していなかったら、アメリカに沖縄の人たちが殺されなかった」と。

翁長雄志守護霊　そりゃそうだ。

里村　その沖縄戦の話も、今日はお伺いしたいと思うのですけども。ただ、その前に、知事のご認識と違って、例えば、尖閣諸島が所在する石垣（いしがき）市、

あるいは与那国町では、「自衛隊の駐留を認める」という住民投票の結果もありました。

翁長雄志守護霊　うん。

里村　つまり、最前線の現場では、知事のご認識とは必ずしも違う民意というものが出ているのです。このあたりは、どのようにご覧になりますか。

翁長雄志守護霊　まあ、政府からのプレッシャーがきついから、持ちこたえられんのだろう。

里村　プレッシャーがきついと?

翁長雄志守護霊　うん。きつくて。

里村　日本政府ではなくて、「中国からのプレッシャー」ではないのでしょうか。

翁長雄志守護霊　いやあ、「中国からのプレッシャー」って、どっちでも……。まあ、とにかく、戦場にされるところだからね、まもなくね。

里村　うん。

翁長雄志守護霊　だから、（尖閣諸島は）いちばん最初に「戦場」にされる可能性があるからねえ。どっちに付くかだけ決めなきゃいけないんだろうけども。

まあ、とりあえず、今は日本の施政下にあるから、そちらのほうに尻尾を振ってるだけなんだろうなあ。

綾織　今後、戦場になるというご認識はあるわけですね？

翁長雄志守護霊　いや、米軍を撤退させて、自衛隊も入れんかったら、戦場にはならない。あのねえ、「琉球非武装中立論」。

綾織　非武装中立？

翁長雄志守護霊　で、もう世界的な観光都市にする。

「沖縄は中国領」という中国の意見は「その通りだ」

矢内　中国は明確に、「沖縄は自分たちの領土だ」というふうに言っていますので。

翁長雄志守護霊　その通りじゃない。間違いない。その通り。

矢内　（苦笑）それを認めるという立場でいらっしゃるわけですか。

翁長雄志守護霊　もう、その通りだよ。「沖縄文化」なんて、「中国文化」そのもんじゃない。ええ？

綾織　それは、中立ではない。

翁長雄志守護霊　そんな、門（守礼門）を見たら分かるでしょ？　中国の門じゃないの、あれねえ。首里城。

里村　それは、「非武装中立」ではございません。

翁長雄志守護霊　ええ？

矢内　中立にはなりえないですよね。

綾織　「琉球国」でもないですよね。

翁長雄志守護霊　いや、昔はあっちの中国に朝貢(ちょうこう)してたんだからさ。日本に〝植民地化〟されてからあと、それができにくくなったわけだ。

「琉球王朝のころに戻したい」のが本音？

里村　やはり、冊封(さくほう)体制への逆戻りが望ましいということでいらっしゃいますか。

●冊封体制　秦の成立（紀元前778年）以降、中国王朝の歴代君主が、東アジア周辺諸国の有力者を国王として承認する代わりに、中国に朝貢させ主従関係を築いた外交政策のこと。19世紀の清朝末期まで続いた。

翁長雄志守護霊　だからねえ、君らはねえ、「アジアを解放した」とかねえ、「日本が、欧米の植民地から解放した」だとか、きれいなことを言うとるけど、沖縄の実態を見りゃあ、もう、〝薩摩（さつま）の芋（いも）っころり侍（ざむらい）〟にやられ放題なんだからさ。それが明治政府をつくったんだからさ。

明治政府が続いた今の政権、これね、もうそろそろ倒れてほしいぐらいだな。

里村　ただ、その見方というのは、「琉球王朝の支配層の見方」であって、琉球……。

翁長雄志守護霊　「支配層の見方」じゃない。それでいいじゃない。何が悪い？

里村　それは、琉球王朝の支配層の見方、歴史観ですね。

翁長雄志守護霊　琉球は、「まったく別個の文化と国土観」を持ってますからね。「琉球王朝」なの。まさしくそのとおりなの。

里村　その琉球王朝のときに、庶民、いわゆる普通の民衆というのは、極端なことを言うと、ずっと奴隷に近いような状態に置かれていました。

翁長雄志守護霊　なんちゅうこと言ってんの。
中国のほうが発展してたから、中国に近い琉球のほうが「先進国」で、大和のほうは、もう、「後進国」だったわけよ。だから、薩摩は、琉球との密貿易で儲けて、金を貯めて、明治維新の原動力になったんじゃない。

里村　うーん。それによって非常によい生活をしたのは、首里のあたりの、ごく一部の人たちであって、では、「大多数にとって、それほど幸せな状態か」と言うと、そういう状態ではなかったのですが。

翁長雄志守護霊　いやあ、君ねえ、そんな推測でものを言うんでないよ。

里村　推測じゃないですよ。

翁長雄志守護霊　ああ？　薩摩なんかより、琉球はよっぽど発展しとったんだよ。

綾織　いえ。実際には、「土地の私有も認められず、奴隷のような扱いをされ、自分の耕作地を、どんどんどんどん換(か)えさせられて、富を蓄積することができなかった」というのが、琉球王国の現実です。

翁長雄志守護霊　それは、大和の人たちが書いとる歴史だわな。

里村　いえいえ、違います。

さらに、八重山(やえやま)などのほかの離島では、「人頭税(じんとうぜい)」をとられたりして、いわゆる「苛斂誅求(かれんちゅうきゅう)」(税金等を容赦なく厳しく取り立てること)という言葉があてはまるような仕方で支配されていたという状態もありました。

翁長雄志守護霊　王朝があったんだから、しょうがないでしょ。王朝も支えなきゃいかんからね。

「沖縄の民意は反・東京」と断言する翁長氏守護霊

里村　それでは、王朝を支えるために、そのような庶民の長い苦しみの時代も、沖縄は体験しているわけです。

●人頭税　納税能力に関係なく、すべての民に一定額を課す税金。所得の少ない人ほど負担率が高くなるため、現在、ほとんどの国では導入されていない。

翁長雄志守護霊　「庶民、庶民」って、簡単に使ってくれるなあ。もう、その言葉の使い方が気に入らない。

里村　琉球の人々ですから、「ウチナンチュ」ですね。

翁長雄志守護霊　もう、「庶民、庶民」って簡単に言うけどねえ、では、今の日本のどこに、「庶民」が存在するんだ。ええ？

里村　これは、今の「市民」ですよね？

翁長雄志守護霊　うん。

里村　一般の市民ですけれども、でも、翁長知事は、一生懸命に「民意」というようにおっしゃっています。

翁長雄志守護霊　ああ、「民意」ね、そのとおりだ。ああ、「民意」。

里村　でも、「民意」というのは、どうでもよいことでしょうか。

翁長雄志守護霊　まあ、「民意」はね、とにかく「反・東京」です。はい、これが「民意」です。

里村　しかし、基地があることによって、今まで、日本人の税金からも、「沖縄振興策」のように、たいへんお金が使われています。今も、例えば「三千億円ぐらい使おうか」という話があります。

翁長雄志守護霊　そういう「札(さつ)びらでほっぺを叩く」ようなやり方がね、ほんっとに腹立つんだよなあ。

綾織　中国資本が入ってくるのはよいのですか。

翁長雄志守護霊　「金を撒(ま)いてやるから、言うことをきけ」みたいな、本当ね、「犬に骨でも投げてやる」みたいな言い方。もう、こういうのね、ええ？

綾織　いえいえ。それは、やはり、大事な国民の税金を使っているわけですから。

翁長雄志守護霊　ええ？　本当は、わしらは、もともと〝独立国家〟なんだからさ。だから、「日本の施政下に入ってやる」っていうことに対しては、恩義を感じてもらわなきゃいかんのよ。

里村　では、中国からの「経済攻勢」は、全然関係ないですか。

翁長雄志守護霊　いやあ、それは、もう、中国と日本とバランスをとって、どっちが沖縄に有効な手を打つか、有利なことをするか、そのバランスをとりながら国を発展させることが、〝琉球王朝の支配者〟としての、私の仕事でしょう。

里村　琉球王朝の支配者？

翁長雄志守護霊　うーん。

中国習近平（しゅうきんぺい）・国家主席を「立派だ」と称（たた）える

綾織　習近平（しゅうきんぺい）国家主席は、翁長さんと非常関係が深く、習近平氏は、十七年間ぐらい福建省にいらっしゃって、友好協定を、沖縄県と福建省で結んだりしています。

また、翁長知事個人としては、習近平さんがいたことのある福州市というところの「名誉市民」になられています。

翁長雄志守護霊　ほらぁ、中国は寛大だからなあ、わしに「名誉市民」を出してくれる。東京の「名誉市民」にはしてくれん。法政大学を出てもなあ。

綾織　東京とのつながりは、あまり意味がないんですけれども、「習近平国家主席との個人的なつながり」というのはあると考えてよいのですか。

翁長雄志守護霊　まあ、偉大な人物同士の「心の交流」はあるわなあ。

綾織　「心の交流」？

翁長雄志守護霊　うーん。

里村　ほお。

綾織　これは、今でも、やり取りがあったりするものなのですか。

翁長雄志守護霊　いやあ、（習近平は）立派だと思うなあ。

綾織　ほお。

翁長雄志守護霊　うん。いや、もうすぐ（中国が）世界一になるんでしょ。もう、時間の問題だからさあ。もうすぐ、私が知事をやっているうちに、アメリカを抜いて世界一になるからさ。「世界一の国と友好を取り結んで、地理的にもいちばん近いところにある」といったら、これは、琉球の発展にとってはものすごい。

綾織　なるほど。

翁長雄志守護霊　日本の最先端人だからなあ、琉球は。

矢内　そうしますと、知事のお考えとしては、「琉球独立」……。

翁長雄志守護霊　とっくに、もともと独立国家だ。

矢内　じゃあ、再び、それを求めよう、と。

翁長雄志守護霊　そんなの、アメリカの植民地か、日本の植民地か、どっちの植民地かでやってるだけですからね。

矢内　で、「中国の庇護の下、独立しよう」というのが……。

翁長雄志守護霊　うん。だから、多言語国家になってもいいと思う。要は、「日本語」を（中国の）方言の一つとして、まあ、公用語に入れてもいいけどね。

里村　うーん。

アメリカを「悪魔の国だ」と言い張る

翁長雄志守護霊　だから、もともと独立国家なんだから。こちらは独自の神話を持ってて、神様もいて、王朝があったのよ。間違いなくあったのを、それで、中国のほうに朝貢して、帰属していったところをだなあ、薩摩藩に略奪、強姦されたような状態で、取られたっていう感じだからなあ。

里村　今、「帰属」というお言葉を使われたように、独立国家ではなかったということですよね。

翁長雄志守護霊　いや、独立してたわけだよ。

里村　今の言葉では「半主権国家」です。まあ、当時は、明（みん）、それから清（しん）ですけど、常に中国の皇帝の顔色をうかがいながら、ずっと国をやってたと。

翁長雄志守護霊　まあ、中国は、長く世界帝国だったからね。長い歴史のなかでね、世界一で。昔から、世界一であったことは長いからね。

里村　まあ、ずっと世界帝国であったかどうかには、議論の余地があると私は思いますけれども。

翁長雄志守護霊　成り上がり者(もん)のアメリカなんてさあ、一時期、第一次大戦からあとぐらいに、急に力を持ってさあ、世界帝国をつくろうとしてるけど。まあ、成り上がり者(もん)だよな、これもな。歴史もねえのにさあ。

琉球のほうは歴史があるんだから、アメリカなんかよりさあ。だからねえ、そういうねえ、歴史を尊重(そんちょう)しないっていうのは駄目だわ。

やつら、インディアンを、ほぼ皆殺しにしたような国家だからさ、そんなもん、沖縄を皆殺しにしたのも同じだろう、たぶん。

里村　なるほど。

翁長雄志守護霊　これはもう〝悪魔の国〟だよ、アメリカっていうのは。

里村　ほう。

翁長雄志守護霊　沖縄はね、みんなねえ、洞窟に逃げてるのに、火炎放射器で焼き殺されたんだから。あんたらも、映像で観たことあるだろう。あとは、バンザイしながら崖から飛び降りた女性たちが、いっぱいいるんだよ。その悲劇が、みんな記憶のなかに、まだあるんだよ。その基地が、まだそこに存在するんだよ。

里村　ええ。

翁長雄志守護霊　だから、天皇陛下のパラオの慰霊もいいけどさあ、沖縄の慰霊は終わってませんよ、全然。こんな米軍基地があるかぎり、もう成仏しません。

あくまでも「沖縄は基地だらけ」と主張する翁長氏守護霊

里村　ただですね、日本本土も、空襲で、沖縄戦以上の死傷者が出ています。

翁長雄志守護霊　日本は、自分らで悪さを仕掛けたから、しょうがないでしょう、それは。

里村　いや、「アメリカと戦い、アメリカに殺された」という、同じ立場ですけれども。

翁長雄志守護霊　うーん。

里村　普通に、本土にも米軍基地はあります。

翁長雄志守護霊　うーん……。

里村　それに対して、沖縄のような反応は出ていないんですよ。

翁長雄志守護霊　小さいからだ。もっと、取られたらええんだ。基地だらけになったらどうなんだ。

里村　今、アメリカの話が出たので、先にお伺いしますけど、知事は、アメリカに対して非常にアンチであると。

翁長雄志守護霊　おまえらだって、ここに住んでるけどさあ。品川（しながわ）だったか何か知らんけど、いるよなあ。

里村　ええ。

翁長雄志守護霊　ここを、米軍の軍用道路を拡張するために、おまえら（宗教の本部を）撤去しろって言われたら、いちおう暴れるだろうが。ええ？　一緒だよ、そんなの。

里村　それは、分かりませんですよ。

翁長雄志守護霊　そんなことないよ。「宗教の本部を撤去せよとは何事であるか」と、筵旗(むしろばた)を持って暴れんといかんだろうが。

里村　ただですね、「国益」というものがかかわった判断というのがあるわけです。

翁長雄志守護霊　「国益」なんて一円にもならんのよ、そんなもんは。

米軍基地の見返りに一兆円を要求

里村　今日、私が知事に、どうしてもお伺いしたかった点があります。その一つとして、知事のご判断っていうのが「辺野古移設をさせない」と。

翁長雄志守護霊　ああ。

里村　ただ、日米同盟に大きな亀裂が入る……。

翁長雄志守護霊　そらあねえ、本土の、大和の一億人よりねえ、珊瑚礁を護ることのほうが大事ですよ。

里村　「珊瑚礁」や「ジュゴン」を守るほうが大事ですか。

翁長雄志守護霊　ええ、「ジュゴン」は大事ですねえ。もう、「ジュゴン」が一匹生きるんだったら、本土で一千万人ぐらい死んでも構わない。そのぐらいの値打ちがあるわねえ。

里村　まあ、その「ジュゴン」をですね、沖縄のほうでは乱獲（らんかく）して、獲（と）って食べたりはしてたわけですよ、もともとね。

翁長雄志守護霊　いやいや、食べたっていうか、まあ、それは、〝一体になろう〟としただけだろうけども。

里村　それは、どちらでもいいんですけれども。

翁長雄志守護霊　うーん。

里村　日米同盟、あるいは、アジアの平和全体を考えたときに、やはり、沖縄というのは、米軍基地があろうがなかろうが、地理的に重要な場所にあります。

翁長雄志守護霊　いや、米軍基地があるから、危険地帯になってるんじゃない？　アジアの危険地帯だよ。最も危険なところ。

里村　いや、いや、いや。沖縄は、「アジアのヘソ」と言われる場所ですから、基地があろうがなかろうが、実は、この場所を取ったところが、その後、戦略的に優位に立てるんです。そういう意味では、戦略的要衝といえる位置なんです。

翁長雄志守護霊　いやあ、だから、中国に取られたら、何かあれでしょう？　次に九州が取られるから、嫌なんだっていう……。

里村　そうなんですよ。

翁長雄志守護霊　だったら、もっと金出せよ。三千億ぐらいで何を。そんな、ちゃっちい金出して。一兆円ぐらい出せよ、一兆円ぐらい。

里村　ですから、「知事の判断が、知事や沖縄県民の方々のみならず、九州、あるいは、ほかの地域、アジア、台湾等に住む人々の生命・安全・財産の危険にまでかかわる」ということは認識していらっしゃいますか。

翁長雄志守護霊　ああ、関心ないねえ。

里村　関心がない！

翁長雄志守護霊　ええ、関心を持ってほしかったら、わしを首相にしろよ。

里村　ほう。

「私が首相をしたら、沖縄から日本を統治してやる」

翁長雄志守護霊　だから、内閣を沖縄に移して、内閣府は沖縄県庁のなかに置く。そして、私が首相をする。沖縄から日本を統治してやる。それだったら、まあ、好きなようにしてやる。

里村　ということは、「今、事実上、知事が判断していらっしゃることは、沖縄県を超えて、日本として考えなきゃいけないことだ」ということになります。

翁長雄志守護霊　沖縄は独立国家だからね。だから、独立国家として、「日本」と対等に話しているわけだからさ。

里村　しかし、そのような権限は、知事にはおありなのでしょうか。

翁長雄志守護霊　ああ、あるよ。もともとは独立王朝なんだから。私は今、〝王朝の支配者〟になってるんだから。

里村　「ただ去年の選挙で勝った」というだけの話ですよ。

翁長雄志守護霊　何？　これからも勝つのよ。安倍が失脚してもわしは、首長のままだから、きっと。

里村　それは、ある意味で、〝翁長王朝〟のようなものをつくって？

翁長雄志守護霊　王朝だよ。尾を長ーく引っ張りながら、王朝をするよ。

綾織　独立を守ればよいのですが、中国の資本や中国軍が入ってきます。

翁長雄志守護霊　いいねえ。発展するねえ。

綾織　中国のこれまでやってきたことを見ると、チベットやウイグルなどでは、もう百万、二百万の人が亡くなっています。そういう状態ですよね。

翁長雄志守護霊　あっ、それは、言うことをきかんからだよ。言うことをきかんから、殺されてもしょうがないじゃないか。

綾織　いや、いや、いや、いや。そんなことはないですよ。

翁長雄志守護霊　ええ？

綾織　「宗教の自由を守る」とか、「言論の自由を守る」とか、普通の生活をやっていたら、「それが駄目だ」と言われたのです。

翁長雄志守護霊　私たちは（中国の）友達だから、全然、そんなことはないよ。私たちは友達だ。彼らは反乱を起こすから、やられ、鎮圧(ちんあつ)される。

綾織　では、もし沖縄に中国が入ってきたときに、「宗教が認められない。言論の自由もない。いろいろな表現の自由もない」……。

翁長雄志守護霊　いや。沖縄は〝沖縄の神様〟が復活しますから、大丈夫です。

4 「沖縄は、もともと、わしのものだ」

過去世で「中国から船で出て、沖縄に辿(たど)り着いて住んだ者だ」

綾織　ほう。〝沖縄の神様〟というのは誰ですか？

翁長雄志守護霊　え？　わしたちのことだけど……。

綾織　ああ。〝沖縄の神様〟なのですか？

翁長雄志守護霊　あっ、まあ、そうよ。

綾織　ほう。では、それは「琉球王国をつくってきた人」ということですか？

翁長雄志守護霊　ああ、琉球の先祖の神々だな。

綾織　ああ、先祖の神々ですか。なるほど。

翁長雄志守護霊　うん。

矢内　「過去に転生で、琉球王朝にお生まれになった」ということは、あるのですか？

翁長雄志守護霊　うん、もちろん。もちろん。もちろん。

綾織　琉球王国を建てた方ですか？

翁長雄志守護霊　「大和（やまと）の神々が偉い」っていう証拠はどこにもない。琉球のほうが先進国なんだからさ。

里村　先進国ですか？

翁長雄志守護霊　先進国ですよ。そらあ、中国もすぐ近くて、中国が世界帝国だったところに、もう、密接な貿易をやっておりましたからねえ。世界最強だ。

矢内　そうしますと、尚家（しょうけ）の……。

翁長雄志守護霊　うん？

矢内　いわゆる「尚家」という、琉球王朝の王家の、王として出られたことがある方……。

里村　では、明（みん）から清（しん）の時代にかけて……。

翁長雄志守護霊　いや、もーっと古い……。

里村　もっと古い？

矢内　もっと前ですか？

翁長雄志守護霊　古い時代から入っているから。まあ、今言っているのは、中世のころの話を言うとるんかもしらんけれども、もーっと歴史は古いからね。

里村　まあ、先住民の遺骨なども、いまだに沖縄から出てきますので……。

矢内　「そういう昔の王をされていたことがあった」ということですか?

翁長雄志守護霊　だから、福建省あたりから船に乗って出て、沖縄に辿り着いて、住んだ者だからなあ、私は。

里村　ああ、そうだったのですか。

翁長雄志守護霊　うーん。

綾織　久米三十六姓（くめさんじゅうろくせい）ですか。つまり、よく言われている、明から来て、実際に行政官となって、琉球王国の外交や貿易を担った人たちでしょうか。

翁長雄志守護霊　最近の話をしてるの？

綾織　まあ、琉球王国の……。

里村　ええ。まあ、中世ですね。

翁長雄志守護霊　もーっと古いよ。

綾織　あっ、そのもっと前ですか？

秦の始皇帝に命じられて蓬莱の国を目指した「徐福」を名乗る

翁長雄志守護霊　秦の始皇帝に命じられて、私は来たんで……。

綾織　ほう。

里村　ちょっと待ってください。そうすると、徐福ということになってしまいますけれども……（注。徐福は中国・秦朝の方士で、始皇帝の命を受け、不老不死の薬を求めて東方の「蓬莱の国」を目指したという伝説がある）。

翁長雄志守護霊　まあ、そういうことになるなあ。

里村　（笑）

翁長雄志守護霊　笑うな！

里村　すみません。

翁長雄志守護霊　「笑うな」って言ってるんだよ。ええ？

里村　いや。徐福は、つまり、東方のですね、「蓬莱(ほうらい)」の（笑）……。

翁長雄志守護霊　何？　この笑い方、気に食わんなあ。もう、首刎(は)ねるぞ。

里村　すみません。まあ、徐福まで話が行っちゃうとは……。三千人の童男童女(どうなんどうにょ)を連れて、そして、秦の始皇帝から命じられて……。

翁長雄志守護霊　「蓬莱(ほうらい)の国」を探しにいったわけよ。その蓬莱の国が、沖縄だったわけだ。

里村　ええ？　徐福でいらっしゃるんですか？

翁長雄志守護霊　うん。だからねえ、「そのころの日本」なんていうのは、まあ、貧しい生活をしとったよ。こちらは先進国だったけども……。

矢内　今、「当時の日本は」ということをおっしゃいましたけれども、「中国人として、日本に来られた」という意識が……。

翁長雄志守護霊　何言ってんの？　私が上陸して国をつくったんじゃないか。

里村　そうしますと、徐福の時代に、日本の沖縄に着かれたわけですよね？

翁長雄志守護霊　え？

里村　沖縄のほうに着かれた、到着されたわけですね？

翁長雄志守護霊　ああ、「着く」っていうのは、「到着」か。ああ、なるほど。

里村　福州、福建のほうから沖縄のほうに……。まあ、日本とは、かなり距離があるので、当時の日本の様子はよくお分かりにならなかったはずだと思うのですけれども。

翁長雄志守護霊　いやあ。日本人も奴隷でちょっと来とったよ。こき使っていたから。

里村　こき使っていた？

翁長雄志守護霊　うーん。

里村　はあ。そのころ、どんな支配をしていたのですか？

翁長雄志守護霊　まあ、わしの叡智（えいち）によってだねえ、今、君らが知っている沖縄王朝よりも、もっと古代の、古代沖縄王朝が、出来上がってたわけよ。その始祖に当たるわけだから。まあ、わしは、〝沖縄の天御中主（あめのみなかぬし）〟と呼んでもいいかもしらん。

「今回、やっと独立の契機(けいき)が訪れた」

里村　ただ、徐福の時代であれば、そうした歴史、あるいは記録などが、そろそろ遺(のこ)ってもいいぐらいの時代ではあるわけなのですけれども、残念ながら、沖縄には、何らそういう気配はありません。

翁長雄志守護霊　いやあ、そらあまあ、そのあと、連絡が十分に行かなかったからなあ。

里村　（笑）

矢内　科学的に、文化人類学などで、研究者が調べますと、沖縄の人たちというのは、もともと日本人と同じ遺伝子をお持ちなんですね。そして、言語学的にも、日本語を源流としていらっしゃるんです。

ですから、もともと、日本の文化圏で……。

翁長雄志守護霊　そんなことないよ。中国語が基(もと)なんだよ。

矢内　いえ、(沖縄は)日本という国の流れにあったんです。

翁長雄志守護霊　中国語が日本化して、日本語になったのよ。中国語なのよ。

里村　そうすると、そういう遠い過去の記憶が、今回、翁長知事としての言動になっているわけですか。

翁長雄志守護霊　うーん、だから、まあ、徐福時代、それから、中世の王朝時代にも出ておるし……。

里村　はい。

翁長雄志守護霊　今は、「今回、やっと、独立の契機が訪れたかな」と思っとるわけだねえ。

里村　つまり、言葉を換えると、やはり、「自分の王朝をつくりたい」「再建したい」というのが……。

翁長雄志守護霊　「つくりたい」って、「もともと、わしのものだ」と言うとるのに、何を言っとる。

里村　自分のものだと？

翁長雄志守護霊　勝手に取るなよ。

里村　はあ。

翁長雄志守護霊　それに、あんたねえ、アメリカに七十年も、あんな軍隊で占領されて……。事実上、占領されてんだよ。植民地状態だよ。「独立した」っていったって、こんなもんなあ、軍隊があれだけあったらねえ、もう一回、再占領しようとしたら、一日だろう。なあ？

里村　うーん。

翁長雄志守護霊　米軍が、あれだけあるんだからさあ。（アメリカが）「言うことをきかない？　じゃあ、再占領しましょう」って言ったら、一日で占領されるよ？　それで終わりだよ。

里村　うーん。

翁長雄志守護霊　そらあ、出ていってもらわんといかんわなあ。

5　翁長氏守護霊の「歴史観」を聞く

沖縄戦での被害について憤慨する翁長氏守護霊

里村　それでは、歴史観についてもお伺いしたいと思います。

今年は、戦後七十周年ということで、沖縄戦も終結から七十周年を迎えます。

当時は、三月の終わりぐらいから、米軍が慶良間諸島のほうに来て、いろいろな戦いがあったわけですが、翁長知事の守護霊様としては、この沖縄戦、まあ、悲惨な戦争というようには伝えられていますけれども、どのように総括されているのでしょうか。

翁長雄志守護霊　なんで、わしらが、そんなにやられな、いかんかね。やっぱり、日本、大和（やまと）はねえ、情けないなあ。

だから、「東京大空襲で十万人が殺された」とか言ってるけども、わしらは、あんな火炎放射器とかで、そのくらい殺されとるんだからさあ。あと、米軍の銃弾でなあ。

里村　ええ。

翁長雄志守護霊　なんで、沖縄からやられないかんわけよ。なあ？　もうほんとに。あちらから犠牲者（ぎせいしゃ）を出せっていうんだよなあ。

里村　うーん。

翁長雄志守護霊　沖縄の犠牲が最大に近いじゃないか。もう踏んだり蹴ったりよ、ほんっとに。

綾織　ただ、沖縄戦で日本兵も同じぐらい、八万から九万人ぐらい亡くなっていますので。

翁長雄志守護霊　ああ、その程度は、まあ、当然でしょうよ。わしらに先の戦争をすることについての決定権はなかったんだからさ。政府で決めたんだろう？　それに巻き込まれただけやから。こんな最後になるんだったらさあ、今みたいに反対してたよ。

里村　うーん。

翁長雄志守護霊　反対してたと思うよ。だから、まあ、ひっどい軍隊だよなあ、ほんと。

それから〝あれ〟だよ。戦後ったって、「終戦」とかうまいこと言いよって、本土のほうだけが早めに独立しよってさあ。

里村　うん。

翁長雄志守護霊　アメリカと条約を結んで独立しよって、沖縄だけがねえ、十七年だか何だか、そのくらい、ずーっと支配されとって、植民地のままだったんじゃないか。ええ?

本土は、日本を支えた「沖縄の時間」を返してくれよ。

里村　まあ、返還までは、二十七年ぐらいですね。

翁長雄志守護霊　二十七年か。そうか。そのくらいだったか。

里村　ええ。一方において、沖縄が独自の発展をしてきたところもございます。

翁長雄志守護霊　だから、米軍の〝僕(しもべ)〟としてな。

里村　そうすると、今、沖縄のマスコミ論調で代表的な見方を知事にもお伺いしたいのですが、やはり、「沖縄は日本の捨て石にされた」とお考えですか。

翁長雄志守護霊　そうなんじゃないの?

里村　しかし、今、綾織のほうからもあったように、沖縄を護るために、例えば、北海道だけで一万人近い兵隊さんが亡くなったりしています。

翁長雄志守護霊　だから、遅いんだよ。護るったってさあ、関東軍とかあんなのを、中国の内陸部に、百万も二百万も軍隊を置くのに、「最初から、百万の軍隊を沖縄へ送って、護れ」っていうんだ。なあ？

戦艦大和の「特攻」についても「アホな作戦」と断じる

里村　ですから、日本は、例えば、戦艦大和を〝片道切符〟で、沖縄を護るために派遣（はけん）しました。

翁長雄志守護霊　そんなアホな作戦を立てるなよ。帰り道も予想が付いてないようなな……。

矢内　戦艦大和には、約三千人の方が乗り込んで、玉砕（ぎょくさい）されたんですよ。

翁長雄志守護霊　だから、日本は、大和はねえ、そうやって、人殺しなのよ。だから、人を「人柱（ひとばしら）」にしてねえ、沈める癖があるんでなあ。だから、沖縄も「人柱」になったけど、戦艦大和の乗組員も「人柱」になって、日本の国の代わりに死んだ。裕仁（ひろひと）（昭和天皇）を連れてきて、ほんとに、沖縄の海に沈めてやりたいわ。ええ？

里村　いやいや、ちょっと、それは……。

矢内　沖縄を護るために、●戦艦大和だけでも三千人、また、特攻隊の若者たちも三千人以上亡くなっています。

翁長雄志守護霊　護ってくれんで結構。戦争してくれんかったら、沖縄は、こんなふうにはならんかったの。

●**戦艦大和**　戦艦大和では、伊藤整一第二艦隊司令長官、有賀幸作艦長以下、2740名が戦死、生存者269名または276名。その護衛艦等を含めると計3721名が戦死。また、菊水作戦においては、沖縄諸島周辺で海軍機940機、陸軍機887機が特攻を実施し、海軍2045名、陸軍1022名が戦死した。

矢内　彼らは沖縄を護るために戦ったんです。

翁長雄志守護霊　沖縄は、独立を守って自治をしてたから、「本土は、どうぞ、アメリカとお戦いください」ということだったらいいわけで。沖縄が、もし、中国のほうに従属してる関係だったら、アメリカは沖縄を護ってくれたけどさあ。やられて、攻撃なんかされてないじゃないか。そっちのが、よっぽどよかったわ。

里村　いやいや、違います。歴史の流れから言ったら、もし、あのとき日本が戦っていなかったら、今のグアムやハワイと同じように、沖縄は、永遠にアメリカの領土になっていましたよ。

翁長雄志守護霊　いやあ、そんなのはないかもしれないよ。中国を救うために、アメリカは日本と戦ったんでしょ?

里村　いや、それはですねえ、あのときのアメリカの動き、フィリピンまで来ていた動きを見れば、そうは言えないことは明らかです。

つまり、当時の中華民国が沖縄を取るなどというのは考えられない時代でした。ですから、「結果的には、日本が戦うことによって、今、沖縄はアメリカの領土ではなくなっている」という考えがあるわけです。

「今でも沖縄はアメリカ領土」という認識

翁長雄志守護霊　いやあ、まだアメリカの領土みたいに思うんだよ、ほとんど。

里村　まあ、基地はですね、それは……。

翁長雄志守護霊　基地でも撤去してから言うてくれよ。うん。

里村　ただ、それは、今の状況下だったら……。

翁長雄志守護霊　だから、幸福実現党は「幸福実現」をしてくれよ。基地を撤去してくれるっていうことは幸福よ、沖縄にはね。

だからねえ、「米軍基地があるために（沖縄は）儲かっとる」なんて、本土のやつらは思うとるんだろうけども、米軍基地がなくったってねえ、それはね、中国資本が入って、観光産業を盛んにして、ホテルを建てたほうが経済効果は大きいのは、もう試算上、出てるんだからさあ。軍隊なんかじゃ儲からないよ、あんなの。軍隊の飲んだくれの兵隊なんか、来てくれなくても結構なんだよ。

里村　うん。

翁長雄志守護霊　沖縄で事件もいっぱいあった。あんたから見れば小さな事件だろうけど、少女レイプ事件とか、沖縄県民が怒りまくってるような事件がいっぱい起きたんだからさあ。そんときにねえ、日本の国は何をしてくれたっていうんだ。何にもしてくれんかった。なあ？（アメリカに）従属してな。

里村　ただ、米兵による事件は、今でもときどき、日本各地で起きています。

翁長雄志守護霊　だから、支配されてるんじゃないか、まだ。独立しろよ、早く、早々と。

里村　いや、それは、国と国との法律や取り決めのなかで解決されていくことがあってのものでもあるわけですよ。

翁長雄志守護霊　安倍は、何しにアメリカに訪問しなけりゃいかんわけ？　頭下げに行くんかい、「守ってくれ」って。恥ずかしいと思わんのかい。ほんとに……。

「日本が中国から沖縄を守ってくれるわけがない」

里村　それでは、「知事が、河野洋平さんがたと一緒に、中国のほうに訪問する」という報道もございますけれども、これは、いったい何が目的で行かれるのですか。

翁長雄志守護霊　いやあ、だから、もうすぐ（中国が）世界一の帝国になるからね。彼らが、もうすぐ世界一になるでしょう。だから、「ゴールデン・エイジ」っていうのは、「中国の時代」のことを言うんだよ。そんときに、ちょっとでも一緒にねえ、おいしい汁を吸わしてもらわないといかんからねえ。それはもう、親中派のほうが、絶対に儲かるよ。うん。

里村　例えば、そのときに、「最近、尖閣での中国船等の侵入事件が多い」という報道が連日のようにありますけれども、これについては、向こうのほうに少しは苦情を言うつもりはおありなんですか。

翁長雄志守護霊　いやあ、せっかく来るんだったら、サメをもうちょっと獲ってもらいたいな。

里村　はい？

翁長雄志守護霊　サメ。

里村　サメをですか？（苦笑）

翁長雄志守護霊　うーん。尖閣沖にはサメがいて困ってるから、もうちょっとサメ漁をしっかりやっていただければ、「安全な海」になって、観光資源としてもっと活かせる可能性がある。うん。

矢内　（苦笑）まあ、中国は魚を獲りに来ているのではなくて、尖閣の海ならぬ、「沖縄県を取りに来よう」としているわけですけれども、その認識はありますか。

翁長雄志守護霊　いやあ、守ろうとしてるんじゃないかなあ。「もとの宗主国」として。

里村　「もとの宗主国」ですか。

翁長雄志守護霊　うーん。だから、まあ、台湾もどうせ取るんだろ？　台湾なんて、隣だもん。すぐそこだよ。ねえ。台湾は中国のものになるんだろ？　台湾が中国のものになったら、沖縄なんて、もう、日本政府が守ってくれるわけないじゃないか。どうせ、またおんなじような悲惨なことになる。中国と対立したらどうなるかったら、沖縄が戦場になって、丸焼けにされるんだ。皆殺しで、また何十万人も殺されるんだろうからさあ。そういう歴史は、もう結構。

「二年早く負けを認めりゃ、沖縄はこんなになってないんだよ！」

里村　いや、ただですね、現在の状況を見るならば、「日本政府は沖縄を守るはずがない」とか、決して、そんなことは言えないと思うんですけれども。

翁長雄志守護霊　守れるわけないじゃないか。もう、公邸は「粛々と」逃げるんだろ？　きっと。うん。

里村　いえいえ。沖縄は日本にとって大事な場所ですから。沖縄を押さえられてしまったら、日本は……。

翁長雄志守護霊　「大事な場所」っていうのは、「沖縄県民を犠牲にして、日本を守るのに大事だ」ということなんだ。そういうことだ。

里村　いえいえ。ですからね、先の戦争でも、沖縄のために、多くの若者が特攻で死んでいます。

翁長雄志守護霊　あのバカな作戦立てたやつ、もう一回、首をノコギリ挽きにでもしないと許せないわ。ええ？　もう、ほんっとに……。

里村　ただ……、ただですねえ……。

翁長雄志守護霊　さっさとやめろ。敗戦するなら、もう、さっさと負けを認めりゃいいのに。二年早く負けを認めりゃ、沖縄はこんなになってないんだよ！　本土の責任問えよ！

矢内　いやいや、それは違います、知事。

翁長雄志守護霊　東條（英機）に、もう、さっさと降伏言わしたらよかったんだよ。

里村　二年前に、もし、戦争が終結していたら、沖縄はいまだに知事の大嫌いなアメリカの領土のままですよ。永遠にそうなります。

矢内　ハワイやグアムをご覧になれば分かりますよね？　アメリカのものですから。

翁長雄志守護霊　ハワイもグアムも発展しとるじゃないの。だから、あちらのほうがずっといいよ。

矢内　アメリカ国ですけれども。

翁長雄志守護霊　あ、そうか。でも、ハワイは、「カメハメハ（大王）」よりはいいんじゃないかな、今のほうが。たぶんな。

里村　なるほど。「その時代より」ということですね？

翁長雄志守護霊　うーん。だから、日本人は「ハワイの日系人」ぐらいの位置でいいんだよ。その程度でいいんだよ。沖縄にちょっといてもいいけどね、人口として。

里村　ただ、当時の若者が沖縄を本当に護ろうと思って命を散らした、散華(さんげ)したと……。

翁長雄志守護霊　そんなことはないよ。命令されて行っただけよ、そんなもん。

里村　もちろん命令もありますけれども……。

翁長雄志守護霊　「特攻」なんか、命令がなくてやるわけないでしょ？

里村　ところが、沖縄戦での第一号の特攻隊は石垣の青年でしたけれども、これを護る直掩機(ちょくえんき)の飛行士たちは本土の人間で、特攻する命令を受けていなくても一緒に特攻しています。

翁長雄志守護霊　まあ、とにかく、〝後追い〟でいくら言うたって駄目で、「負け戦」をやったやつは責任を取らないかんのよ、ちゃんと。

里村　ただ、「負け戦」だからといって無駄ということもありません。例えば、「負け戦」になっていなければ、問答無用で向こうの領土になっているんですよ。

翁長雄志守護霊　沖縄をあそこまで攻めさせる前に負けを認めて、「天皇陛下の責任だ」と宣言すりゃよかったのに、原爆二発を落とされて、沖縄であれだけ殺されて、それからやっと「終戦」っていうのは判断が遅すぎるよ。責任があるよ。そんなペリリューなんか行かずに沖縄へ来いよ。ええ？　みんなで糾弾したるから。

里村　天皇陛下は、沖縄へ行かれていますけれども（注。二〇一四年六月、天皇皇后両陛下は犠牲者の慰霊のために沖縄を訪問され、「対馬丸記念館」などを視察された。即位前を含めて沖縄訪問は十回目）。

翁長雄志守護霊　え？　来いよ、もう一回。

先の大戦について論争を仕掛ける翁長氏守護霊

矢内　沖縄で、日本軍と沖縄県民の方々が一緒にあのような戦いをし、そして最後まで戦ったから、今の日本があるんです。ああいうかたちの終戦があったんです。

翁長雄志守護霊　美化するなよ！　人の犠牲のもとに自分たちの幸福を享受する人間は、私は大嫌いなのよ。沖縄に対して、毎日、みんなで感謝の念を捧げるぐらいやらないと駄目。

矢内　ただ、先ほども話が出ましたけれども、日本の本土でも、東京大空襲なり、広島なり、長崎なりと、沖縄と同じように、あるいはもっと大変な……。

翁長雄志守護霊　あのねえ、木と障子で出来たような家が首都のなかにいっぱい建ってるような国がねえ、あんな百年も前に鉄筋コンクリートのすっごいビルディング、摩天楼が建ってる国と戦うっていうこと自体が間違っとるわけだからさあ。いや、責任だよ。丸焼けになったらしょうがないよ。なんで皇居に原爆を落とさなかったんだよ、アメリカは。不徹底だ！

綾織　アメリカのほうから仕掛けられた戦争ですよ。

翁長雄志守護霊　皇居に落とせよ、原爆。そうしたらすっきりする。すっきりするわ。

矢内　防衛のために戦ったんですよ。先ほど言ったような特攻隊の若い人たちがいて、沖縄を含めた祖国のために命を捧げて戦ったんです。

翁長雄志守護霊　祖国かねえ。本土の意識は、（沖縄を）どうせ朝鮮半島のコリアンと同じように見てたのと違うのかなあ。

里村　いやいや、そんなことはないですよ。

翁長雄志守護霊　そんなような感じだろう。

里村　つい最近、私どもの取材班がパラオまで行ってきました。沖縄よりはるかに遠い……。

翁長雄志守護霊　パラオへ行ったら、あんたみたいなのが裸で走り回っとるだろうが。ええ？

里村　いいえ（苦笑）。パラオの九十歳を超える方が、「自分たちは日本人になれて本当に幸せだったんだ」というふうに話していました。

翁長雄志守護霊　チェッ！　パラオにはねえ、金を撒いたんだろう？　きっと。

里村　いえいえ、そんなことはありません。

「金」だけではなくて、「独立」を求めている

綾織　このままだと、まったく交(まじ)わらないままで終わってしまうんですけれども……。

翁長雄志守護霊　うーん。おまえらも、やっぱり、〝あれ〟にちょっと近いなあ。菅さんみたいだなあ。

里村　いえいえ。

翁長雄志守護霊　「産経新聞」は早く滅びたらいいよ。「朝日（新聞）」を滅ぼす運動が、今起きてる。これはよくない！　「産経」が滅びて「朝日」が発展するのがよろしい。

綾織　産経が滅びても、沖縄には何の影響もありません。

翁長雄志守護霊　韓国が産経の（ソウル）支局長を捕まえて……、あんた（綾織）の同期だって？　だから、ほんとにええことしとるわ。もっともっと捕まえたらええ。

里村　だから、そこが違います。産経新聞の話は置いておきまして……。

翁長雄志守護霊　お、そうか。うーん、まあ……。

綾織　政府側が沖縄側と妥協できる部分があるとすれば何でしょうか。

翁長雄志守護霊　七十年も米軍基地を温存して、さらに新築しようとしてるわけだからさあ、家じゃないけど。それも美しい海をねえ、ジュゴンをいじめてねえ、ほんとにもう……。

綾織　いや、それは二十年近く前から決まっていたことです。

翁長雄志守護霊　もう、何て言うか、かわいそうじゃないか。あの珊瑚（さんご）がコンクリートの塊（かたまり）で潰（つぶ）れてねえ。菅とか、安倍とかは、あのコンクリートの塊の下に埋めてやりたい感じね。「沈んどれ」と。

綾織　単純に何兆円という単位のお金をくれれば、それでいいんですか。

翁長雄志守護霊　「金」だけじゃなくて、「独立」を求めてるんだから。何言ってんだよ。

綾織　独立をする？

翁長雄志守護霊　うん。「主権」を要求してる。「主権」を。

里村　主権？

翁長雄志守護霊　うん。日本にはまだ「主権」がないんだろう？　沖縄が先に「主権」が欲しい。

綾織　なるほど。「主権」を要求し、軍隊は中国軍を入れる？

翁長雄志守護霊　いや、中国が日本を……、日本じゃないわ、沖縄だけども。沖縄ら、もう（中国の）海南島が近いから、（中国が）は琉球だ。琉球を防衛する。してくれるでしょう。もう（中国の）海南島が近いからね。

綾織　ほう。防衛してくれる？

翁長雄志守護霊　だから、沖縄を防衛してくれるだろう。アメリカは、だから、ハワイまで帰ったらいいんだよ、（中国が）言ってるとおり。それでいいじゃん。

綾織　では、それを、今後の、一期目の任期でやっていく？

翁長雄志守護霊　まあ、過去、三千年の歴史は、実際、そうだったんだから、別に、これは、歴史の当たり前の姿だ。アメリカなんか、こんな地球の裏側まで、来るなよ。

「安倍の首も取れば、沖縄独立の気運が高まってくる」

里村　ただ、そのお考えですと、今現在、日本政府と、なかなか折り合うのは難しいですよね。

翁長雄志守護霊　うん。だから、私ら、独立国家だから、別に、折り合う必要ないもの。

里村　いや、実際に、政治的決着として、知事のほうも、どのくらいまで歩み寄って、どのあたりに着地させるお考えがあるのでしょうか。

翁長雄志守護霊　鳩山（はとやま）（元首相）の首が飛んで、民主党（の政権）が飛んで、まあ、それだけじゃあ不公平だろうから、やっぱり、安倍の首も取ってやらないといかんだろう。
両方取ったら、「沖縄独立の気運」が、高まってくるな。「もう民主党だろうが、自民党だろうが、沖縄については占領できないんだ」ということだなあ、パシパシパシッと、首を取れば。インディアン強し！

矢内　（苦笑）根本的な質問なのですけれども、知事の今のお立場は、「日本」という国の「沖縄県」という県の県知事なんですね。

翁長雄志守護霊　だから、それは、植民地化されてるからね。

矢内　ですから、それを「独立した、自分たちの王国だ」とおっしゃるのであれば、それは知事を辞められて……。

翁長雄志守護霊　いや、いやあ……。

矢内　独立運動等をされたほうが、筋ではないでしょうか。

翁長雄志守護霊　国王にならないといかんね。「琉球国王」にね。

綾織　そのように、本当に、「手続きとして、独立宣言をし、それを中国が承認して」というのをやる？

翁長雄志守護霊　君らね、パスポートを持って、東京の大学に通わなきゃいけなかった人間の気持ちが分かるか？　ええ？

綾織　まあ、それは本当に申し訳ないというか、同情しなければならないことだと思います。

翁長雄志守護霊　だから、まあ、立場からすれば、北方領土だって、ロシアで、何十万人もの日本人が捕虜になって、十年もね。あるいは、強制労働させられた、あの気持ちが分からないのと同じだよな、言わば。

矢内　戦争に負けましたので、今でも、北方領土は返ってきません。でも、日本人は、沖縄を一日も早く、もう一回……。

翁長雄志守護霊　だから、負けたんだから、もう日本神道は廃止し（机を一回叩く）、天皇制も廃止しなさいよ！　ちゃんと。

矢内　取り戻すために、戦後、本当に頑張ったんですよ。

翁長雄志守護霊　「戦争責任」っていうのは、そういうことでしょう？　だから、その王族は滅びるんだ。みんな、処刑、ギロチンにかからないといかんのよ。そして、共和制にしなきゃいけない。ねえ？

里村　それでは、当時の連合国ですら要求しなかったことを、要求されるわけですか。

翁長雄志守護霊　そら、責任あるでしょう。他人（ひと）の国を、勝手に「踏み石」にしたんだからさあ。

「解決する必要はない。次は沖縄がイスラム国になる」

里村　しかし、そういうお考えですと、いつまでたっても、この問題は解決しないまま、ズルズル、ズルズルと……。

翁長雄志守護霊　解決する必要ないじゃない。もともと、東京だって、解決できない問題だから。

里村　その間、実際に、普天間の基地周辺は危険な状態が続きますよ。

翁長雄志守護霊　だから、いや、次は、「イスラム国」になるわけよ、沖縄が。

里村　独立宣言して……。

翁長雄志守護霊　ええ、米軍をゲリラで襲うんだろうよ。そら、そうなるだろうよ、大和のやり方によればね。やり方次第で、腹が立ったら、みんな、ゲリラ襲撃して、火炎瓶を投げまくるだろうよ。

「ゴネ得を狙ってるわけではない」と言う翁長氏守護霊

矢内　知事がおっしゃっているようなことというのは……。

翁長雄志守護霊　うーん。脅してるんだよ。

矢内　私も、ずっと何度も、沖縄に入っているんですけれども、普通の沖縄県民は、おそらく、知事がおっしゃることを理解できないですね。賛同しないと思います。

翁長雄志守護霊　そんなことないよ、（私は）沖縄の代表だ……。

矢内　ほとんどの県民の方は、当然、日本人ですね（苦笑）。沖縄は、「日本国の沖縄県だ」というように……。

翁長雄志守護霊　だからねえ、いや、いいよお。だからあ……。

矢内　「日本人だ」というように思っていますので、そのなかで、知事（守護霊）の発言というのは、非常に浮いている感じがしますね。

翁長雄志守護霊　幸福の科学の会員だけ本土に引き揚げなさい、ちゃんと。種子島（たねがしま）に移動させなさい。

里村　ただ、今、矢内が沖縄県民の考えを述べましたように、地上の翁長知事本人は、そこまではおっしゃらなかったので、知事選でも票が集まりました。

翁長雄志守護霊　うーん。

里村　それは、結局、「基地反対派が強くなればなるほど、実は、沖縄に対する経済振興支援が強くなる」という関係が、今までありましたからね。

翁長雄志守護霊　いや、「そういうふうに沖縄を見てる」っていうこと自体が許せないわけよ。だから、「私らが、ゴネ得(どく)を狙ってる」と思うところが、いやらしいわけよ。

そうじゃなくて、もう本当に、百パーセント、沖縄のために尽くさなきゃいけないのよ、本来は。

里村　そうすると、知事の守護霊様は、ゴネ得でおっしゃっているのではなくて、本心から、おっしゃっているわけですか?

翁長雄志守護霊　ああ? 「ゴネ得だ」と思うとんだろう。それがねえ、「上から目線」っていうんだわ。

里村　いや、私は……。

翁長雄志守護霊　おまえなあ、官房長官でもないのに、なんで偉そうに、そんな……。

里村　いや、すみません。ただ、私どもは……。

翁長雄志守護霊　ああ?

里村　ジャーナリスティックに訊(き)く立場から、どうしても、そうした発言の裏にあるものを忖度するので……。

翁長雄志守護霊　もうすぐねえ、沖縄に入るのにパスポートが要るようにしてやるからな。ええ？　おまえら、パスポートを持ってこなかったら、取材できんようにしてやるから。ええ？

「米軍基地を撤去させたら、私はノーベル平和賞に値する」

里村　それでは、本心から、今のお考えが、ご自分のそもそもの……。

翁長雄志守護霊　だからねえ、積もり積もってるんだから。何百年も積もってる「恨み」があるからねえ。

里村　でも、それは、沖縄県民、あるいは、琉球の人々の恨みですか？　それとも、知事の個人的な魂の恨みなのですか?

翁長雄志守護霊　まあ、沖縄の「集合想念」だなあ。あるいは、不成仏(ふじょうぶつ)になっている、もう殺された、何十万もの人たちの英霊を、沖縄の〝沖縄靖国〟が、今、それを求めてるわけよ。

綾織　あなたご自身は、翁長知事の守護霊さんですか。

翁長雄志守護霊　うん、まあ、「守護霊」でもあるし、「本人自身」でもある。

綾織　本人自身でもある?

里村　はあ。では、ご本人の意識とかなり近いわけですね?

翁長雄志守護霊　うんうんうん。そうでもあるけれども、沖縄の〝魂の指導者〟でもある。

綾織　ほお。

翁長雄志守護霊　まあ、「沖縄のガンジー」とか、「（沖縄の）ネルソン・マンデラ」とか言ってくれれば、だいたい当たってるんじゃないかな？　うん。

里村　そうすると……。

翁長雄志守護霊　「沖縄解放運動」を、今、やっとるわけだ。

綾織　では、非暴力ですよね。

翁長雄志守護霊　え？　非暴力で、口だけで言ってるじゃない。

里村・綾織　口だけ？

翁長雄志守護霊　口だけで、官房長官や首相を撃退してんだよ。「ノーベル平和賞」に値(あたい)する。だから、米軍基地を撤去させたら、たぶん、私に「ノーベル平和賞」が出るんとちゃうかな。

綾織　先ほど、「イスラム国になって、ゲリラをする」という話もありましたが……。

翁長雄志守護霊　それは、ほかの人がするんであって、私はしないよ。

綾織　ああ。自分はやらない……。

翁長雄志守護霊　私は、裏から糸を引くことはあっても、自分ではやりません。

綾織　ああ、そういうことですね。

翁長雄志守護霊　うん。そんなことは……。

里村　ただ、こういう見方はどうなのでしょう？　今、日本はこういう状況なので、翁長知事のあれだけの発言が自由に許されています。

翁長雄志守護霊　うん。

里村　仮に、中国の影響下に入った場合、こうした発言は、一切、許されなくなってきますが……。

翁長雄志守護霊　その代わり、世界最強帝国のなかに入れるわけだからさ。

里村　そのなかに組み込まれると……。

翁長雄志守護霊　要するに、沖縄が本土に言うことをきかせる。だからもう、鹿児島県あたりから震(ふる)え上がるわけよ。ねえ?　貧(まず)しい鹿児島あたりが、「いつ沖縄の属国にされるのか」と震え上がる。

里村　はあ。

翁長雄志守護霊　薩摩は、もう一回、退治してやらないかんからさ。

里村　なるほど。そうすると、中国という「盾（たて）」を持つことによって、逆に、日本に……。

翁長雄志守護霊　それはもう、中国の武器がいっぱい入ってくるからさ。

里村　ええ。

翁長雄志守護霊　「中国の核ミサイルを鹿児島に撃ち込んだろうか」と言うたら、もう、すぐ降伏するわ。

6　米軍基地に対する根深い怨念を語る

「沖縄がトカゲのしっぽ切りに使われた」と悔しがる翁長氏守護霊

里村　その強い積年の恨みというか、「やり返したい」という心は、やはり、薩摩の支配下にあったこと、あるいは、明治のいわゆる「琉球処分」から……。

翁長雄志守護霊　まあ、昔のもいっぱいあるけども、つまり、本土の教科書というか、歴史観っていうか、そういうのが、沖縄の苦しみをちゃんと説明しとらんからさ。勝手に編入して勝手に略奪してきた歴史をね、やっぱり……。韓国だけじゃねえんだからさ。こちらもやられたんだから。

里村　ただ、修学旅行で本土のほうから沖縄へ行くと、ひめゆり部隊、あるいは、ガマといわれる洞窟など、自決があったような場所にきちんと案内して、子供たちが、それを学ぶようになっていますよ。

矢内　それに、そういう悲惨な戦争の経験というものは、沖縄だけではなくて、日本全土で繰り広げられたんですよ。三百万人の方が亡くなっているんですから。

翁長雄志守護霊　「沖縄が、大勢の犠牲を出しながら日本の盾になってくれた」「沖縄のお陰（かげ）で、今の日本の繁栄がある」ということを、日本国民みんながよく分かって、沖縄を立ててくれるなら、われわれの気持ちも、そらあ、安らぎますけど……。

里村　ああ。

翁長雄志守護霊　切り捨てっていうか、「トカゲのしっぽ切り」みたいに使われた感じがあるわけですよ。

里村　決して、そんなことはありません。それは、パラオ・ペリリュー島の戦いも同じです。無駄死にではなくて、あの戦いがあるから、最終的な本土決戦も避けられました。確かに、そういう意味では……。

翁長雄志守護霊　「本土決戦が避けられた」って、やっぱり、そうやって本土の犠牲になっとるじゃないの。

里村　いや、要するに、それは、「もっと悲劇の度合いが大きくなった」ということです。

翁長雄志守護霊　扱いがパラオの国民とほとんど変わらんわけ。

里村　確かに、沖縄の方々が、二カ月余りも戦いを続けられたことによって、より大きな悲劇が避けられたという部分があり、私たちは感謝しています。

翁長雄志守護霊　感謝じゃなくて、利用しただけなんだから。

里村　利用では……。

翁長雄志守護霊　われらの先祖はみんな、火炎放射器でトカゲみたいに焼き殺されていったんだからさ。これに対して、なす術(すべ)もなかった。これについて、国として、もうちょっと、ちゃんと責任を取れよ。

里村　ですから、当時の日本軍も、沖縄の、特に本島の方々に、北のジャングルのほうに、一生懸命、疎開するように言ったり、あるいは、疎開船を出したりもしましたよ。

翁長雄志守護霊　戦後も、少なくとも二十七年間、アメリカに支配されてて、日本だけが経済的発展をしてさ、所得倍増して、大発展して、「こりゃこりゃ」言って、「世界第二位になった」とか言ってやったけど、君らは、沖縄が取り残されたときの、その沖縄の疎外感を、全然、分かってないんだからさ。

里村　うーん。

翁長雄志守護霊　情けない外交や政治をやって……。

里村　まあ、確かに、そういう政治の〝あれ〟もあったのかもしれません。

翁長雄志守護霊　それの子孫が安倍なんだからさ。ええ？

里村　先ほど、幸福実現党を批判されましたけれども……。

翁長雄志守護霊　うん。

里村　私たちの政党のほうは、ある意味で、日本の誰よりも、沖縄戦の尊い犠牲というか、英霊（えいれい）、英雄たちの行為を尊敬している立場です。

翁長雄志守護霊　（舌打ち）沖縄の英雄の名前を一人も言えんくせに、そんなことを言うなよ。

里村　たくさんいらっしゃいますよ。個人の名前は分かりませんけれども。当時、六月二十三日の沖縄戦終結の前に、現地の司令官が、「沖縄で、みんながこれだけ頑張ったんだ。ぜひ、これを語り継いでくれ」ということで、本土のほうに打電もしています。ですから、われわれは、決して忘れるつもりはありません。

沖縄戦の司令官・牛島中将は今、どういう状態なのか

翁長雄志守護霊　じゃあ、何で、牛島（満）中将が、いまだに苦しんどるのか教えてくれよ、その理由を。

里村　ですから、私どもは、牛島中将が、いまだに……。

翁長雄志守護霊　何で成仏してないの。言ってくれよ、理由を。

●牛島中将　軍人。大日本帝国陸軍大将（死後、中将から大将に親任）。第二次世界大戦下の1944年9月、第32軍司令官として沖縄に赴任し、上陸する米軍を相手に持久戦を展開した。最期には、「生きて虜囚の辱めを受くることなく、悠久の大義に生くべし」という命令を発して、司令部壕で割腹自決をしたと言われている。

綾織　ああ、そうですか。それは……。

翁長雄志守護霊　そんなにええことをしたんだったら、神様になっとるだろうが。何で成仏しとらんのだ。

綾織　それは、実際に確認されたのですね？

翁長雄志守護霊　ああ、確認したよ。

綾織　ほう。沖縄にいらっしゃる？

翁長雄志守護霊　うん。成仏してないよ。だから、俺に説明してよ。（牛島中将は）

沖縄戦の責任者だろう?

里村　いや、実は逆に、「牛島中将について、もし、お伺いできたら」と思っていたのですけれども、今も、やはり、そうですか。

翁長雄志守護霊　うん。そのまま、いまだに苦しんでるよ。何で苦しんでるのか教えてよ。いいことをしたんなら、高天原（日本神道における天上の世界）に還ってなきゃいけないんでしょ?

綾織　それは、やはり、自責の念があったり、「沖縄の方々に申し訳ない」という思いがあったりするのだと思います。

里村　いや、そうです。

矢内　自責の念もおありなのだと思いますよ。

翁長雄志守護霊　うん。

里村　あるいは、「沖縄の方々すべてが成仏されるまで、ご自身は、そちらのほうで頑張っている」という状態でもあるのではないですか。（牛島中将は）どんな状態でいらっしゃるのですか。

翁長雄志守護霊　まあ、情けない死に方っていうか、もう、ボロ負けだからね。ただのね。

里村　ええ。

翁長雄志守護霊　ただのボロ負けだから、もう、司令官として、何回死んでも死に切れんだろうね。あの感じだと。

里村　それは、つまり、「今、牛島中将は、恨み心でいらっしゃる状態だ」ということですか。

翁長雄志守護霊　恨み心も何も、どうしたらいいのかが分からんような状態だわなあ。

綾織　うーん。

「まだ米軍基地があるということは、戦いが続いているということだ」

里村　しかし、例えば、陛下が沖縄の慰霊に行かれたりとか……。

翁長雄志守護霊　陛下なんて、何の力もないのに。いや、いらないって（笑）。

里村　いや、今年も……。

翁長雄志守護霊　何の力もねえんだ。ちょっとは霊能力ぐらい開発してこいよ、本当に。

綾織　うーん。逆に言うと、日本兵もそうですし、民間の方も含めて、もう二十万人ぐらい亡くなっているわけですけれども、この方々を、本当に慰霊するには、どうすればよいとお考えですか。

翁長雄志守護霊　とにかく、まあ、本土も入れて三百万人ぐらい死んどるんだろうからさあ、三百万人も殺して、何をやっとるわけよ。ほんっとに、もう、くっだらないことをして。

綾織　この、まさに戦後七十年……。

翁長雄志守護霊　おまえらの考える「防衛戦」っていうのは「自滅戦（じめつせん）」なんだから、当然な。だから、日本の防衛なんかできやしねえんだよ、どうせ。

里村　そうすると、やはり、「『村山談話』のような謝罪とか反省の姿勢などが、すごく大事だ」ということですか。

翁長雄志守護霊　うん。だから、村山さんも、（過去世では）新羅の村長をやったからなあ。それは、よう分かっとるわ（『「河野談話」「村山談話」を斬る！』〔幸福の科学出版刊〕参照）。

里村　なるほど。同じような立場ですから。

綾織　その、「亡くなった方々に成仏してもらいたい」という立場は同じですよね？

翁長雄志守護霊　「成仏してもらう」っていうか、その「恨みの念波」が日本を改造するわけよ。

綾織　ああ。恨んだままでいいんですか。

矢内　牛島中将をはじめ、当時、沖縄で戦った日本兵の方々が、もし、成仏されていないとしたら、その大きな原因の一つは、「あれだけ本気で戦ったのに、沖縄県民の方々が、本当の英霊の戦いを理解していない」ということではないですか。

翁長雄志守護霊　ああ、米軍基地だよ。米軍基地だよ。だから、彼らが見たら、「まだ米軍基地があるし、占領されてる」と思う。戦いが続いてる。戦いが続いてるんだよ。支配されて、基地があるんだから。

矢内　いつまでも、「被害者、被害者」という視点ばかりで、当時の日本軍を責めますけれども、本当に、沖縄を含めた祖国のために戦ったのです。そういうことを……。

翁長雄志守護霊　祖国じゃないもん、日本なんて。祖国じゃないもん。外国だもん。

矢内　沖縄では、マスコミがずっと、日本軍を悪者扱いしてきましたけれども、「それは本当に正当な見方なのか」という部分も正していかないと……。

翁長雄志守護霊　うん。いやあ、「朝日」はねえ、あれだよ。沖縄に親しい関係を築いて……。

矢内　今、おかしくねじ曲げられているので、「成仏できない」という現実が待っているのですよ。

翁長雄志守護霊　いやあね、（矢内に）君は、まだ〝いい波動〟が奥のほうに残っとるよ（注。矢内は、元・朝日新聞記者）。

里村　あの（苦笑）。

翁長雄志守護霊　朝日の社長が日本国の首相になれば、日本は〝いい国〟になるんだよ。うーん。

里村　朝日も、今、少しずつ変わろうとしていますけれどもね（苦笑）。

矢内　ええ、今、少しずつ変わっていますよ。沖縄の報道に対しては、「少し違うのではないか」と言っている方も出ています。

翁長雄志守護霊　朝日新聞は、今、潰れようとしてるから、その朝日から首相を出して、日本国を統治させれば、韓国や中国とも、ちゃんと対話ができる〝いい国〟

ができる。

基地があるかぎり、米軍を含め二十四万の英霊は成仏できない？

里村　ただ、今、お話をお伺いしまして、「なるほど」と思ったのが、確かに、「沖縄では、いまだに戦いが続いている状態だ。米軍基地もある」ということです。

翁長雄志守護霊　続いてるのよ。占領されてるんだ。基地だらけ。

里村　そうですね。

翁長雄志守護霊　さらに海辺まで、「もう一回、基地をつくる」って言う。あの海辺を見て、私たちは、もう反吐を吐くっていうかね、海から海兵隊が上陸してきて、ものすごい戦いをやったんだからね。もう、海岸線に、米軍基地なんか見たくもない。

里村　私も写真を見ました。

翁長雄志守護霊　うん。あなたがたは……、あなたがたじゃないけど、アメリカ人が、あのワールドトレードセンターか何かが崩れていく映像？　あれを見ると、もう、みんな病気になるから、だんだん見せなくなってきたのと同じで、見たくないわけよ。もう本当に。二度と。

里村　そのお気持ちは分かります。

翁長雄志守護霊　うん。

里村　おそらく、当時、いらっしゃったのですね？

翁長雄志守護霊　うん？

里村　沖縄戦のときに。一九五〇年生まれでいらっしゃるから、転生としては、あまりにも早すぎますが。

翁長雄志守護霊　まあ、いやいやいやいや（苦笑）。

里村　ただ、それだけおっしゃるということは、海を埋めた、たくさんの米軍の艦船もご覧になった？

翁長雄志守護霊　うーん、いやあ、まあ、アメリカ軍だって、そう言ったら、かわいそうだ。死んだ人もいるわけだから。

里村　そうです。

翁長雄志守護霊　それはねえ。だから、あのへん（で亡くなった人の霊は）ね、アーリントン墓地まで帰れてると思うか？　帰っとるわけないだろ？　だから、沖縄の海辺にいっぱい漂っとるわけよ、人魂（ひとだま）になって。

里村　はい。はい。

翁長雄志守護霊　これ、誰も供養してくれてないのよ。基地があるかぎり、この戦いはもう永遠に終わらないんだ、ええ？

里村　そうすると、沖縄の平和祈念公園には、米兵や沖縄以外の日本兵も含めた二十四万人の方の名前が刻まれて、いちおう慰霊はされているのですが、役立っていないと？

翁長雄志守護霊　それで慰霊ができると思うとるやつが甘いんだよ。

里村　基地があるうちは、慰霊、成仏ができないと？

翁長雄志守護霊　戦いが続いてるんだ、今、まだ〝占領〟してるんだから。軍事行動が続いてるのよ。

7 翁長知事と中国との〝深い関係〟とは

自衛隊の代わりに「沖縄独立軍」をつくる？

綾織　それでは、もし、日本政府の側と、何らかの妥協ができるとするならば、米軍を追い出す代わりに、自衛隊がしっかりと沖縄を護るところまで持っていけばいいわけですか。

翁長雄志守護霊　いや、自衛隊は要らない、要らない。自衛隊は要らない。要らない、要らない、要らない。〝沖縄独立軍〟をつくる。

綾織・里村　独立軍？

翁長雄志守護霊　うん。

綾織　それは、ご自身でできるんですか。

翁長雄志守護霊　うん、うん。つくる。

綾織　ほう。

翁長雄志守護霊　〝沖縄王朝〟は〝沖縄王朝〟を護るべく……、うん。

里村　沖縄の方だけでつくれますか。

翁長雄志守護霊　うーん。いや、中国の人も一部入るかもしらんけれども、うん、うーん……。

里村　「一部」ねえ。軍事的な指導者は？

翁長雄志守護霊　まあ、いちおう、軍事的に指導してもらわないといかんからなあ。

沖縄県民は「世界帝国・中国の一員」になればいい？

里村　そうすると、ここの一点が、私どもと翁長知事の守護霊様と合わないところだと思います。今、「戦いが継続している。だから、米軍基地がある」とおっしゃっていましたが、その戦いの根本原因が中国なんですよ。

翁長雄志守護霊　中国の軍事パレード、立派なのがあるでしょう？　ねえ。君、見たことがあるんじゃないか？

里村　ええ、見ていました（笑）。

翁長雄志守護霊　あの長いミサイルを積んだ車両（しゃりょう）が、バーッとパレードするだろ？

里村　ええ。

翁長雄志守護霊　あれを那覇（なは）からダーッとパレードして、「東京に向けて、いつでも撃てるんだよ。沖縄に中国の軍事基地もあるよ。貸してやっとるよ」っていう……。

矢内　知事ですね、そうなった場合、「沖縄県民はどうなるか」ということをお考えいただきたいんですが……。

翁長雄志守護霊　沖縄県民は〝世界一の帝国〟の一員なんですから、いいじゃないですか。

矢内　それは、すでに、中国がチベットやウイグル、内モンゴルなどを自治区に入れて、あの国民をどういうふうに扱ったのかを見れば分かります。先ほどの話にも出ましたが、数百万の人たちが虐殺されているんですよ。今でもそうなんですよ。

翁長雄志守護霊　いやあ、それは知らん。それは確認できんから。

綾織　いやいや、確認できます。

矢内　それとまったく同じように、今度は、沖縄県民が中国に虐殺(ぎゃくさつ)されるようになるということですよ。

翁長雄志守護霊　するわけないじゃないの。もう、私が、これほど「中国信仰」を持ってるのに、そんなもん……。

矢内　それでよろしいんですか?

里村　残念ながら、指導者のその〝中国信仰〟というのが、下にいる県民に対しての刃になるんですよ。

翁長雄志守護霊　いや、沖縄を戦場にして、米軍と自衛隊が合同して中国と戦えば、それは、血みどろの戦場がもう一回できますよ。

里村　いや、違いますよ。

翁長雄志守護霊　「この二回目は、もう結構です」って言ってるんだ。
「東京に核ミサイル基地をつくって、中国とやり合えばいい」

里村　いや、そこはですね、知事、ちょっと見解が違いまして、米軍と自衛隊があることで、もう二度と沖縄が戦場にならないんですよ。

翁長雄志守護霊　あんたらの「抑止力(よくしりょく)」っていうのは、「本土を護(まも)るための抑止力」であって、「沖縄を護るための抑止力」じゃないの。

里村　いえいえ、違うんですよ。それは、どうしても沖縄の「地政学的な位置」によるものなんです。

翁長雄志守護霊　いやあ……、なーに言ってるんだ?

里村　断言できることは、沖縄が中国の影響下に入ったら、ここは本格的な戦場になります。

翁長雄志守護霊　あのねえ、あんたら、沖縄にはアメリカ軍の核ミサイルもあるわけよ。分かってるでしょう?

里村　はい。

翁長雄志守護霊　だから、中国のほうがそれを叩きたくなるじゃないの、核ミサイルをね。

矢内　今はないと思いますけどね。

翁長雄志守護霊　だからね、沖縄で抑止力があるなんて言ってるのは、もう古い時代の考え方なんですよ。

里村　いやいや。

翁長雄志守護霊　あのねえ、あなた、日本の東京に核ミサイル基地をつくって、中国に撃ち込めるようにしたらいいんで、それで抑止力十分ですよ。そしたら、東京の核ミサイル基地を叩くために、中国が東京を攻撃しますよ。だから、「東京」と「中国」でやっていただきたい。

沖縄に核ミサイル基地があったら、これ、沖縄が叩かれるじゃない？　勘弁してくださいよ。

矢内　ただ、中国は、明確に沖縄を取りに来ますから。

翁長雄志守護霊　ええ？　そうだよ？　だから、口一つでね。それはいいよ。平和で〝無血開城〟ですから。

矢内　沖縄が中国の領土になった場合、大量の漢民族が入ってきます。そして、今の沖縄県民の人たちは、ほとんど奴隷以下の扱いにされかねませんよ。虐殺もされる恐れがあります。知事として、それで本当によろしいんですか。

翁長雄志守護霊　嫌な人は、種子島に移動したらいいよ。うん。

里村　ああ、嫌な方はですね。

翁長雄志守護霊　うん。どうぞ、種子島なり、鹿児島のシラス台地なりに行って、芋でも植えとりゃいいわよ。

「沖縄の戦後」はまだ終わっていない

里村　つまり、私どもも申し上げているのは、結局、「沖縄の戦後」が終わっていないということです。

翁長雄志守護霊　終わってない。

里村　なぜかと言うと、今、「海洋強国」を目指しているのは、翁長知事も私淑(ししゅく)というか敬意を持たれている、習近平国家主席によるものなんですよ。

翁長雄志守護霊　〝世界皇帝〟に対して、もう、そんな安倍ごときが敵うわけはないんだから、諦めなさいよ、最初から。どうせ負けるんだから、「もう、負ける戦いはするな」って言ってるんだ。過去に学びなさいよ。同じこと、二回やるんじゃないっていうんだ。

里村　いえいえ。ここがどうしても、知事と私たちが一体になれないところです。沖縄戦で亡くなった方の成仏のために慰霊をしたいという気持ちは同じです。

翁長雄志守護霊　うん、うん。

里村　ただ、だからといって、もう一度、中国の朝貢国になり、冊封体制のもとに戻るということは、違うのではないかと考えますので、ここは私どもの認識との大きな溝です。

翁長雄志守護霊　だから、韓国だって、中国に今、尻尾を振ってるじゃないの？女性の大統領。

里村　はい。

翁長雄志守護霊　それは、もうアメリカじゃ護ってくれないと思ってるから。アメリカよりちっぽけな軍隊なんかさあ、攻撃の対象になるだけでさあ、戦えないのは分かってるから。

里村　ただ、それによって韓国国内では、「韓国の安全、平和は大丈夫か」という声が、だんだん大きくなっているのも事実です。したがって、朴槿恵大統領の支持率も下がっているという現実がございます。

翁長雄志守護霊　うーん。

里村　つまり、今後、同じようなことが沖縄で起きてくるのではないでしょうか。朴槿恵大統領の支持率低下と同じようなことがです。

翁長雄志守護霊　まあ、私は男だから、あんなことはないとは思うがな、うーん。

里村　大丈夫ですか？

翁長雄志守護霊　それは、まあ、「官邸と戦って勝てる男」だったら大丈夫だろう。

里村　今はそれでいいと思います。菅官房長官とケンカして、大向こうで喜ぶ人もいるかもしれません。ただ、長い目で見たときに、決して沖縄県民自身も、それをいつまでも喜んでいる状態ではないですよ。私はそのように思うのですけれども。

翁長雄志守護霊　ただ、本土から観光だけに来る連中らにねえ、沖縄の心が分かるかよ、ほんとに。

「中国側から〝ビッグなプラン〟がいっぱい来ている」

綾織　中国の側から何か具体的に、「こうしたほうがいい」というような示唆があるのですか。

翁長雄志守護霊　それはもうねえ、いろんな、〝ビッグなプラン〟がいっぱい来てますよ。

綾織　ああ。いろんなプランですか。

翁長雄志守護霊　「米軍基地がなくなったら、それをどう有効活用するか」みたいなプランはたくさんありますね。

綾織　ほう。それは、いろんな……。

翁長雄志守護霊　まあ、**中国の南部の資本がいっぱい入ってくる**からね。安全だからね。あと、入ってこれるから、バーッと。米軍基地がなくなったら安全ですからねえ。

米軍基地があったら、いつ接収（せっしゅう）されるか分かんないから、資本が入れないじゃないですか。（米軍基地が）なくなったら、リゾートから始まって、いろんなショッピングモールからねえ、それはもうカジノから、いろんなものが出来上がってきて、すごく発展して、世界が……。まあ、沖縄がかつての香港の繁栄みたいなものを持つようになるんですよ。

綾織　中国から、それを具体的に提案されている状態なんですね？

翁長雄志守護霊　うーん。まあ、いろいろ「水面下」ではね。うん、うん。

里村　水面下で？　それは事実上、今、知事がおっしゃった言葉は、中国の海南島（かいなんとう）ですね？

翁長雄志守護霊　うん。

里村　リゾート地であると同時に、中国の潜水艦の基地でもある。

翁長雄志守護霊　うん、うん、うん。

里村　海南島が沖縄にまで進んでくると、事実上、沖縄が今の海南島の位置になるということです。

翁長雄志守護霊　うん、まあ、そうかもしれないけども。

里村　そのように見てよろしいわけですね？

翁長雄志守護霊　うーん。

里村　それで、中国は太平洋にいつでも出れる体勢が、完全に整う。

翁長雄志守護霊　だから、米軍基地はもう青森か何かぐらいに、全部集めといたらいいんじゃないの？　日本の下半分は取られるかもしんないからねえ。

里村　そのときに、日本のシーレーン（海上交通路）が、中国によって完全に分断されるかたちになりますよね？

翁長雄志守護霊　もうなくなってるんだよ。もうとっくになくなってんだよ。

「私は中華人民共和国なので、日本に対しては意見を言う」

矢内　沖縄が中国のものになった場合は、日本という国全体が、中国の属国になりかねない危機が来るんですよ。

翁長雄志守護霊　いや、私らは〝中国〟ですから。私は〝中華人民共和国〟ですので、日本国に対しては意見を言いますよ。

里村　ただ、沖縄の世論調査をやっても、沖縄の独立とか、あるいは中国に対する警戒感というのは、一般には強いです。

翁長雄志守護霊　うーん……。まあ、それはあんたがたの会員だろう？

矢内　それも、独立を求めている人は一パーセントもいませんから（幸福実現党調べ）。

翁長雄志守護霊　あんたがたの会員だろ？　そういうことを言ったのは。

里村　いやいやいや。違いますよ。「もう、独立だ」と言っている人が一パーセント未満なんですよ。

翁長雄志守護霊　中国が本気になったら、沖縄なんか簡単に占領できるんだからさあ。そういう流血の事態を招かないよう、私は平和裡(り)に、勝海舟(かつかいしゅう)のように、〝無血(むけつ)開城(かいじょう)〟する準備をしようとしているわけじゃないの。

綾織　まあ、そのときは平和かもしれませんけれども……。

矢内　そのあと来るのが、沖縄県民の「奴隷化」と「虐殺」ですよ。

翁長雄志守護霊　だから、辺野古移転を許さず、普天間を撤去させたら、その功績によって、私は「琉球国王」として認められることになるから。

綾織　それも怪しいですよ。そのまま、そういう国王的な地位に位置づけられるかというと、そんなことはないと思います。チベットやウイグルがそうでしたから。

翁長雄志守護霊　いや、そんなことはないよ。

自分が「琉球国王」になりたくて行動しているのか？

里村　知事、はっきりさせてください。今の沖縄県民や戦争で亡くなった方々のために、知事は考え、行動されているのか。それとも、自分が琉球国王になりたいために行動されているのか。どちらのほうが強いのですか？

翁長雄志守護霊　だから、未来の戦争を防ぎ、平和な世界を築くために、私は今、行動しているわけですよ。

里村　そのためには、自分が琉球国王になることが第一だと？

翁長雄志守護霊　まあ、もともとは〝沖縄の始祖〟みたいなもんだからね、私はねえ。

矢内　習近平は知事に対して、いろんな甘い囁(ささや)きをかけてきているのだろうと思うのですけども、もし沖縄が独立した場合、独立後、いちばん最初に殺されるのは、傀儡(かいらい)政府のトップである知事になる可能性が非常に高いですよ。

翁長雄志守護霊　いやあ、そんな脅したって駄目だ。

矢内　いやいや。これはほんとに、中国の歴史を見れば、そんなに甘くないですよ。

翁長雄志守護霊　いや、あのねえ、われらは男も含めてねえ、もう〝売笑婦〟と化して、アメリカ基地に七十年間もお仕えしてきて、もう、酒を飲まして、接待して金を落としてもらうという屈辱を、ずーっと舐めてきたんだからさあ。そんなかないよ、うーん。

綾織　その屈辱以上のものが来ますよね。今の中国は、過去の冊封体制とはまったく違うものですから。

翁長雄志守護霊　なんだよ。次はもう、「ヤマトンチュ」、大和の人間を奴隷化してやるから、見てろ。

綾織　（苦笑）それで、沖縄県民も奴隷になります。同じですよ。

翁長雄志守護霊　いや、こちらは支配階級だから、そんなことはない。

綾織　いえ、いえ、いえ。

里村　ただ、「明治の琉球、沖縄が、日本の県に、はっきりなったときに、皇室がどれほど、沖縄の方たち、一生懸命、大事にされたか」ということは、ご存じですよね？

翁長雄志守護霊　いや、そんなの、記憶にないねえ。もう勝手に、一方的に、併合された感じだから。

明治維新以降の日本の近代化の流れを、全部、「ファシズムへの道」として片付けることが解決で……。

里村　そういう歴史観であれば、アメリカだって、イギリスだって、どこだって、近代の過程のなかで、植民地主義とか、帝国主義を採ったところは、全部、「ファシズム」になりますよね。

翁長雄志守護霊　チッ（舌打ち）。そんなの、（日本は）小さい国なんだからさあ、もうすぐ、地殻変動が起きたら、だんだん日本海に、全部、沈むような、ちっちゃな島なんだから、威張るべきじゃないんだよ、いつまでも。

里村　それでは、現在の知事のお考えのなかでは、「日本」という国、国家そのものの未来は、あまり考慮されていない？

翁長雄志守護霊　もうすぐ沈むんだろう？　だから、日本海に、「ゴーッ、ゴーッ」と沈んでいくんだ。ねえ？　これは、きちんとした地学的にそうなんだからさ。これ、なくなるんだから。中国大陸は、なくならないよ。

「日本人としての意識はない」と答える翁長氏守護霊

矢内　知事ご自身として、「日本人だ」という意識は、ないように聞こえるのですけれども（苦笑）。

翁長雄志守護霊　まあ、ないよ。

だから、東京には、留学……、留学じゃないんだけど、いちおう上京をして……。

里村　はい。法政大学。

翁長雄志守護霊　勉強して、まあ、あんまりいい思いはないな。差別感に満ち満ちてたな。

里村　まあ、そういうなかには、「言葉が、なかなか通じなくて」とか、そういうことは、あったかもしれません。

翁長雄志守護霊　だから、台湾の人間と間違ってるような感じだったな、ほとんどな。

8　翁長知事守護霊が「沖縄県民に伝えたいこと」とは

知事一期目で実現したいことは何か？

綾織　最後のあたりになってきたのですけれども、お考えは、だいたい分かりました。

翁長雄志守護霊　いや、（中国は）世界一なんだから、もう数年後だよ。ね？　アメリカなんか、手を出せないよ、もうすぐ。

綾織　そして、中国軍を入れるということは、「琉球国として、冊封体制のなかに入っていく」ということだと思うのですけれども、知事として、一期目というのは、今後、三年と少し、まだあるわけですが、そのなかで、具体的に「一期の間で実現するものは、何である」と考えていらっしゃいますか?

翁長雄志守護霊　いやあ、「基地の撤去」です、もう。

綾織　「基地の撤去」。それは、もう米軍の基地、全体ですか。

翁長雄志守護霊　うーん、もう世論を起こして、日本国中も巻き込んで、とにかく、「米軍帰れ!」っていうやつを、「ヤンキー・ゴー・ホーム!」だ。

綾織　それを、やっていくと……。

翁長雄志守護霊　この実現だな。もう七十年の宿願(しゅくがん)だから、これは……。撤去。

里村　それも、また、少し朴槿惠（パククネ）大統領と似ていて、もう「反日」だけが施政（しせい）の方針ですね？

翁長雄志守護霊　ああ、似てるけどねえ。似てるけど、それはねえ、やっぱり、加害者と被害者は立場が違うわけよ。裁判が永遠になくならないのと一緒でね、加害者と被害者は永遠に交わらないいんだよ。

沖縄戦の時に、過去世でいたことがあるのか？

里村　一点だけ、少し確認したいのですけれども、先ほど、ガマ（洞窟）の自決の話などでは、一瞬、言葉が完全に止まりましたが、もしかして、当時（生まれていた過去世があり）、まだ幼くして、あのなかで命を落とされたりということがあったり……。

翁長雄志守護霊　（数秒間の沈黙）いや、まあ、そういうことはねえ、どうでもいいことなんだよ。

里村　ただ、やはり、「そうした傷が、今のお考えにつながっている」というのであれば、私どもも、また理解できるところもございますので……。

翁長雄志守護霊　うーん、だから、そういう罠(わな)には引っ掛からん。

里村　いやいや、罠ではありませんよ。

翁長雄志守護霊　わしは、世界史の流れのなかから考えとるんだから。

里村　「罠に引っ掛からない」ということは、逆に言うと、やはり、「そういうことがあった」ということですか?

翁長雄志守護霊　いや、知らん。そんなことは知らんな。わしが、そんな、儚い命であってたまるか。

里村　何か「国王」とか、いろいろとおっしゃっていますが、実は、そのときに、「すごく怖かった」とか……。

翁長雄志守護霊　いや、そういう悲劇は、もうたくさん聞いてきてるからねえ、小さいころから。「身内の人たちが、みんな、たくさん、大変な死に方をした」っていうことを、ずーっと。

それからは、アメリカ支配下に、ずーっと育ってきたときの気持ちとかなあ、それは、もう、あんたらに、いくら言っても通じないから。

翁長氏守護霊から「沖縄県民へのメッセージ」は？

里村　では、個人のことは結構ですので、沖縄県民の方々に、今、守護霊様の立場から言いたいメッセージがおありでしたら、どうぞ、おっしゃってください。

翁長雄志守護霊　とにかく、〝安倍ファシズム〟を打倒し、米軍を徹底的に、日本から追い出す運動の一翼(いちよく)を担いたい。まあ、幾つか撤去できれば、それでも実績になるとは思っているので、二期も三期も続くと思っている。

里村　ですから、「自分を、沖縄の方は支持していただきたい」と……。

翁長雄志守護霊　うーん。だから、ハワイ攻撃したのは日本軍だろうがあ。ええ？　帝国海軍だろうが。だから、攻撃したハワイまで、（米軍には）もう帰ってもらえや。

矢内　まあ、おっしゃっていることは、今の日本の左翼の過激派が言っていることと、ほとんど同じなのですけれどもね。

翁長雄志守護霊　ああ、左翼なの、これが？　沖縄では、これが右翼なんだよ。君らが、「左翼」と思うほうが、うちのほうでは「右翼」なんだ。

里村　なるほど。

矢内　それで、それを実現して、いちばん喜ぶのは中国なのですけれども、「それでもよろしい」ということですね。

翁長雄志守護霊　うーん。だから、中国も……。まあ、新しい香港やマカオみたいな感じになるわけよ、沖縄がね。

里村　それでは、知事のお考えが、ひいては、日本国民全体の安全ともかかわるので、日本国民に対して、何かおっしゃりたいメッセージがあれば……。

翁長雄志守護霊　うーん。だからねえ、人口比から見てだねえ、本土の死んでる率がちょっと少なすぎるからね。

里村　人口比で？

翁長雄志守護霊　うーん。だから、沖縄に対する謝罪と補償はもっともっとあってもいいなあ。

里村　つまり、沖縄に対して、「しっかりと謝罪せよ。それを態度で示せ」ということですか。

翁長雄志守護霊　だから、消費税なんか、全額沖縄に〝寄付〟してもええぐらいだよ。ほんと。

矢内　年間三千億円でも足りないと?

翁長雄志守護霊　足りないよ、そんなの。戦艦一隻ぐらいじゃないの?

里村　では、そういう経済的なバックアップがあれば、それでよろしいんですか。

翁長雄志守護霊　いいわけないでしょう？　そんなのはないでしょう。それは単なる〝手土産（てみやげ）〟じゃないですか。東京に名物が何もないから、「金を持ってこい」って言ってるだけじゃない。（お菓子の）「東京ばな奈（な）」なんか持ってきたって信用しないよ。

「〝安倍ファシズム〟を切り裂き、米軍を撤去させ、歴史に名前を遺（のこ）す」

里村　ということになると、今後、知事と政府とのいろいろな話し合いで折り合いがつくというのは、なかなか難しい部分があると？

翁長雄志守護霊　まあ、少なくとも、〝安倍ファシズム〟を切り裂いて、米軍を撤去させる実績をつくって、歴史に名前を遺（のこ）す。私の決意です。

里村　そこに「自分の名前を遺したい」という自己顕示欲が出てくるのは……。

翁長雄志守護霊　顕示欲は、安倍にないのかよ。安倍に顕示欲はないんかよ。「アベノミクス」ってなんだよ、あれ？　自分が経済をつくっとんのかよ。ええ？　アベノミクスは沖縄に全然効果ないよ。

里村　では、沖縄では〝オナガノミクス〟。

翁長雄志守護霊　うん。オナガノ……（笑）。チェッ！　〝オナガノミクス〟とつけますか？　何か響きがちょっと悪いが……。

綾織　それは、「中国資本を持ってくる」という話ですよね？

翁長雄志守護霊　うん。いやあ、いくらでも来る予定はあるんだから。（中国の）南部には金が貯まって、もう〝血ぶくれ〟してるぐらいだから。もう金ぶくれしてるからさあ。もう出てきたくてしょうがないんだけど、沖縄は危険地帯だから、十分に入りきれんでいるからさあ。

だから、海辺に米軍基地なんかつくられた分には、もうリゾートが全然駄目になっちゃうからね。もうとんでもないわ。

綾織　翁長さんが考えていらっしゃることの背後には、中国の意図がありますので、それは必ずしも沖縄県民にとって受け入れられることではないですね？

翁長雄志守護霊　いや、受け入れるかもしれないよ。

綾織　いや、そんなことはありません。だんだん、沖縄県民からも、「この人に沖縄を任すのはよくない」というようになってくると思います。

里村　今、地上の翁長さん本人が、今のようなお考えを、もっと堂々と、正直におっしゃってみたらどうなのでしょう?

翁長雄志守護霊　もし文句があるんだったら、自衛隊で沖縄県知事公舎を襲いに来なさい。襲撃に。そのぐらいの勇気がなかったらさあ……。

綾織　そういう暴力的なことはやりません。

翁長雄志守護霊　自分らが正義だと思うんなら、攻めてきなさいよ。そしたら、私は名誉市民になってるから、中国の福州市に逃げ回って亡命しますから。その場合は。やれるもんならやってみろよ。そんなやる勇気もないのにさあ。ほんとにもう、くっだらねえ。

綾織　あなたがおっしゃっている「沖縄県民の民意」というのが変わってくると思います。そのために私たちも運動していきます。

翁長雄志守護霊　本土だってさあ、今は辺野古移転賛成派と反対派は、もう五分五分じゃないの？　意見はな。情報の疎(うと)い本土でも五分五分なんだから、沖縄じゃなかなか許さないのは当然だよな。それは「ジュゴン」のほうが大事だよ、「東京都民」よりもな。

里村　ジュゴンというか、それはいろいろな経済的見返りとの関わりのなかで出てきている〝民意〟ですからね。

翁長雄志守護霊　そういうのはな、〝手土産(てみやげ)〟であって本質じゃないの。

翁長知事の「本音」に沖縄県民はついてくるのか

矢内　今日、翁長知事守護霊がおっしゃった知事の「本音」の部分は……。

翁長雄志守護霊　論理的にすっきりしてるでしょう？

矢内　沖縄県民が知ったら、誰もついてこなくなると思いますよ。

翁長雄志守護霊　そんなことはない。おまえ、偏見があるわあ。

矢内　そんな極端なことを考えている沖縄県民はいらっしゃいませんよ。

翁長雄志守護霊　もうねえ、おまえは、沖縄なんかに来たのが間違いなんだ。おまえ（矢内）は、福島の原子力発電所の廃墟（はいきょ）の跡（あと）に住んどれえ！　そうしたらいいんだわ。

矢内　住んでもいいですよ（苦笑）。

里村　今後、県民や有権者、ひいては日本国民がどのような判断をするのかについては、こうした知事の守護霊様のお言葉を世に問うて、推移（すいい）を見てみたいと思います。

今日のお話のなかで、私どもも、「確かにつらいこともあったんだな」と感じ、そのお気持ちが分かりました。ただ、同時に、どうしても超えることができない壁、溝もありました。私どもとしては、「中国に未来を委（ゆだ）ねることで、平和や幸福が得られるものではない」という部分があると思います。

翁長雄志守護霊　それは断定や偏見だ。〝世界一の帝国〟になったらねえ、その国の文化と考え方を押しつけるのは当たり前じゃないの？

里村　押しつける？

翁長雄志守護霊　アメリカもやってることだ。やってきたことじゃない？　百年間。

綾織　その国の国民が幸福になれば、それでいいと思いますけれども。

翁長雄志守護霊　え？　なるかもしれないじゃないか。

綾織　「かも」では駄目なんですよ。

翁長雄志守護霊　世界一位になったら考え方は変わるよ。もう、「慈悲あまねきアッラー」みたいな感じになるから。中国だって、習近平だってなあ。

綾織　いえいえ。それを二十年間期待していたのですが、中国は何も変わらなかったんですよ。

9 習近平氏との「過去世の縁」とは

「モンゴルの時にヨーロッパまで支配したのは爽快だった」

翁長雄志守護霊　いやあ、やっぱり、習近平は〝二十一世紀のナポレオン〟ですね。

里村　なるほど。

綾織　習近平はチンギス・ハンの生まれ変わりと言われていますが（『世界皇帝をめざす男』〔幸福実現党刊〕参照）。

翁長雄志守護霊　うん、まあ、似たようなもんじゃない？

綾織　そのチンギス・ハンとかかわりがあったりしますか。

翁長雄志守護霊　チンギス・ハン？　うーん……。あんな偉大な方は、この世に生まれたことは、かつてないだろうな。「モンゴルで、あんな世界帝国をつくった」なんていうのは、すごいことだわな。

だから、「沖縄発で世界帝国をつくる」ということもありえるかもしらんな。

綾織　実際に、過去の転生（てんしょう）のなかで、同じ時代に生まれていたりしますか。

翁長雄志守護霊　うーん……。まあ、そのへんについては、正直に語ることはできん。

里村　おお。正直に？

翁長雄志守護霊　うん。

綾織　何かあるのですね？

翁長雄志守護霊　うん？　まあ、なんか、利害はあったかもしらんな。

里村　「利害が」ですね。

綾織　利害があった？　それは、どのあたりでですか。

翁長雄志守護霊　やっぱりね、白人どもの首を刎（は）ねていくときの、あの快感は、何とも言えなかったなあ。

里村　ああ、それは、ヨーロッパのほうに出ていたときのことですね？

翁長雄志守護霊　だから、やっぱり、アジアのほうからね……。「日本がね、植民地解放戦争をした」とか言ってるけどさあ、モンゴルのときは、ヨーロッパまで支配したんだからねえ。それは爽快(そうかい)だよ。

里村　そうですか。そのときに……。

綾織　「それを見た」ということは、「そこで実際に戦った」ということですね。

里村　行ったわけですね。

矢内　では、部下だったわけですね。

翁長雄志守護霊　ああ。「イタリア人やスペイン人や、あのへんまで首を飛ばしていく」っていう、あの爽快さは何とも言えないなあ。

綾織　では、ヨーロッパに攻めていった？

翁長雄志守護霊　ああ。

綾織　ほお。

翁長雄志守護霊　まあ、その〝仕返し〟が、たぶん、あちらの「帝国主義」なんだろうけどなあ。「植民地主義」が、その〝仕返し〟みたいなもんかもしらんけどなあ。うーん、まあ、いい気分やったなあ。

綾織　チンギス・ハンの一族ですか。

翁長雄志守護霊　うん？

綾織　チンギス・ハンの一族に生まれていたと？　部下だった？

翁長雄志守護霊　まあ、そういう言葉選びは難しいから、ちょっと言いにくいが、まあ、「相応の地位はあった」ということだなあ。

綾織　ああ、相応の地位……。

里村　ああ、そうですか。

翁長雄志守護霊　うんうん。

綾織　では、モンゴルの軍団のなかの一人？

翁長雄志守護霊　だから、「命令を発するぐらいの立場にはあった」ということだなあ。

綾織　ほう、なるほど。

里村　そのへんを全面的に信じるかどうかについては、ちょっと、私どもとしても、今後……（笑）。

翁長雄志守護霊　おまえなあ、ちょっと、どうにかならんのか、その性格。

里村　いえいえ、すみません。何か、ちょっと……。

翁長雄志守護霊　一回、ちょっと、「焼き」を入れてやろうか、もう。ええ？

里村　（笑）ありがとうございます。もう、他の方から何回も「焼き」は入れられていますけれども（苦笑）。

中国の「日本侵略の尖兵」として沖縄に生まれた？

綾織　それが本当だとするならば、今回、また、「習近平の家臣の一人になってサポートする」ということですね。

翁長雄志守護霊　やっぱり、「チンギス・ハン」「ナポレオン」「習近平」は、もう、素晴らしい……。

矢内　今回も、過去世と同じように、ある意味で、習近平の手下になって……。

翁長雄志守護霊　うん？

矢内　ある意味で手下になって、逆に、日本に侵略したいと。

翁長雄志守護霊　いやいや。日本だけじゃなくて、ヨーロッパまで支配する。彼は、アフリカからヨーロッパ、アジア全部を支配するからね。

里村　では、「中国の、日本侵略の尖兵（せんぺい）という立場でいらっしゃった」というわけですね。

翁長雄志守護霊　尖兵じゃなくて、もともと、その目的があるんだから。

里村　それで、沖縄に生まれられた？

翁長雄志守護霊　うーん。

里村　そうだったのですか。

翁長雄志守護霊　いや、「それで沖縄に生まれた」っていう言い方は〝あれ〟ですね。まあ、沖縄の、もともとの「守護神」であり「支配者」だからな。

里村　なるほど。そして、利益を考えたときに、「今後は中国の下(もと)に」と。

翁長雄志守護霊　中国文化圏ですよ。日本そのものが中国文化圏なんですから。漢字文化圏っていうことは、中国の支配下にあったわけですよ。

里村　それについては、私どもも反論がございますけれども、今日は、もう時間がないので……。

翁長雄志守護霊　ああ、そう。

里村　はい。それでは、そろそろ……。

今日は、いろいろとお伺いさせていただきましたけれども……。

翁長雄志守護霊　まあ、官房長官以上までは、仕事ができんかったな。やっぱり、おまえらも一緒だったな。やっぱり、雑魚（ざこ）は雑魚やな、しょせん。

綾織　翁長知事の本当の気持ちというのは分かりました。ありがとうございます。

翁長雄志守護霊　まあ、勉強したかったら、沖縄大学にでも〝留学〟して、勉強することやな。

里村　ますます、しっかりと勉強させていただきます。ただ、今日は、大きな〝溝〟があることは、よく分かりましたので。

翁長雄志守護霊　分かったか。

矢内　よく分かりました。

里村　はい。本日は、誠にありがとうございました。

大川隆法　（手を三回叩く）お帰りください。

10　翁長氏守護霊の霊言を終えて

中国の設計の一部を担っていると思われる翁長氏守護霊

大川隆法　いや、なかなか、〝筋金入り(すじがねいり)〟ですね。そんなに簡単ではなさそうですね(笑)。

里村　ええ。

大川隆法　これは、「世界史の見方」と「国のあり方」などの設計の問題と関係していて、向こうは向こうで、「設計の一部を担(にな)っている」ということです。

里村　はい。

大川隆法　中国の設計の一部を担っているようですね。これは、沖縄の取り合いになっているのでしょう。

里村　はあ……。

大川隆法　今後百年の、「日米から得られる利益」と「中国から得られる利益」を考えたら、中国寄りのほうが有利と見て、根本的には、そう判断しているということでしょうね。その意味では、「米軍基地を撤去させると実績になる」とも見ているということでしょう。

それから、確かに、七十年間支配された怨恨（えんこん）もあるし、戦争末期に、沖縄の人が大勢殺されたことへの怨恨もあるし、本土への不信感もあるし、いろんなものが混ざっているということですね。

ただ、どうでしょうか。沖縄の人口は、百四十万人ぐらいでしたでしょうか。日本全体の人口の一パーセントぐらいですか。

里村　そうですね。

大川隆法　ですから、一パーセントの人の意見を「民意」と言ってもよいのですが、その一パーセントの「民意」が、「日本全体の国家戦略や、日本全体の国家の消滅が懸かった問題まで左右できる」というのは、あまりにも、〝尻尾（しっぽ）〟が、〝胴体〟と〝頭〟全部を振り回しているような状態に見えなくありません。

沖縄自体の利害について言う権利は、当然あるとは思うけれども、「日本国全体をどうこうしよう」というところまで考えているのなら、やはり、これは、地方自治としては「越権」なのではないでしょうか。

日本全体の利益にかかわることに関しては、政府が責任を持つべき

大川隆法　だから、今、「沖縄問題」と「原発問題」とを絡（から）めて、また左翼が息を吹き返して、巻き返しに来ています。

彼らの特徴は、とにかく、「何でも反対」ということなのだろうと思うのです。そのときどきのトピックスがあれば、それを捉えて反対ができるわけですね。

「ジュゴンを守れ」「珊瑚（さんご）を守れ」とやっている人たちは、全部が沖縄の人でもないでしょう。彼らこそ、〝パスポート〟を見せてほしいぐらいで、本土から行って左翼運動をやっている人がたくさんいるはずです。沖縄人ではない人がやっていると思います。

おそらく反政府運動でやっているだろうし、新聞社も二社、有名なところがありますが、両方とも左翼新聞ですよね。

そういうことで、洗脳されているのではないかとは思います。

確かに、被害意識や差別意識などがあって、いろいろなものを受けてきたのだろうとは思いますが、いくら「民意だ」と言っても、それは約一パーセントの枠のなかでの民意でしょう。

日本の四十七都道府県全体の利益にかかわることに関しては、政府が責任を持つべきだし、その政府が民意を反映していないのなら、倒されるべきだとは思います。しかし、知事としてやってよいことかどうかといえば、「地政学上の利点を利用して、それを全部使う」というのには問題があるのではないかと、私は思います。

やはり、もう一度、世界全体の状況や流れ、あるいは歴史等、いろいろなものについての勉強をしないといけないでしょう。ただ、そうしたことを言っても、「上から目線だ」と言って、はねつけて聞かないのかもしれません。

里村　はい。

「大阪都構想」にも見られる「行き過ぎた地方自治」

大川隆法　それから、「大阪都構想」もありますが、あれも、下手したら独立運動になるでしょう。維新（大阪維新の会）が、〝ほんまの維新〟をやる気でいるかもしれませんけれども、「今、中央政府を弱らせることが、日本にとって利益があるかどうか」という点では、問題があると思います。

確かに、（安倍政権に）全体主義的風潮が出てきていることは、私も感じ取ってはいるものの、それも、一定の目的の範囲内で必要な場合もあります。度が過ぎたら止めなくてはいけないこともありますが、先の戦争と完全に「二重写し」にしてはいけないでしょう。

今、考えていることは、日本の「防衛」のことです。防衛趣旨であって、侵略目的でやっているわけではありません。このまま米軍に退かれたら、本当に護れない状態ではあるのです。

やはり、ここは沖縄県知事の権限を超えている部分があるのではないでしょうか。

また、そういう地政学的な利点があるために、そうしたことができるというのであれば問題だと思います。

例えば、大阪が〝独立〟して、「大阪都の許可がなければ大阪を通過することはできない」となったら、日本は完全に分断されてしまいます。そういうことになったら、もう一度、〝関ヶ原〟が出てくるような状態になるでしょう。

そういう意味では、地方自治にも限界はあると思います。やはり、それは知っておかなくてはいけないところです。

マスコミの盲点と、「民意」の正しい考え方

大川隆法　また、「権力を批判することが正しい」というのは、いちおうマスコミの原点ではあるのですが、批判だけで建設ができなければ、それは「破壊」にしかすぎません。

権力が本当に強い場合は、批判しなくてはいけないところもありますし、それを受け入れなくてはいけないところもあるとは思います。しかし、「一パーセントは、必ず九十九パーセントのほうを支配できる」というのであれば、これはまた、別な意味での権力になるわけです。

やはり、もう少し考えてもらわなければいけないのではないでしょうか。

里村　はい。

大川隆法　まあ、何を言っても、「上から目線だ」と思うのでしょう。世界史的な判断や、全体の地理的な判断、例えば、シーレーンについて言っても、「それは、日本国の都合でしょ?」というように考えるのだと思います。

ただ、個人的なトラウマも多少あるのかもしれません。民主党政権のときに、やや悪い前例を残しましたね。あの鳩山さんの汚点は、かなり大きいでしょう。

里村　ええ。沖縄の言うことを聞くような方向で動いてしまいましたから。

大川隆法　やはり、「民意」「民意」といっても、自分たちの主体性があった上で、人の意見を聞かなくてはいけません。つまり、国としての主体性があって、民意を吸い上げなければいけないところがあるのです。主体性なくして聞いて、空っぽのなかに入ったら、相手のやりたい放題になるでしょう。

つまり、〝経産省前のテント〟へ行って民意を聞き、それで、「民意はこうだから」とやったら、それではいけないと思います。

「沖縄が中国の一部になってほしい」と思う日本人はほとんどいない

大川隆法　それから、時には、政府としては、民意は違ったとしても、「未来にとって、このほうが大事だ」と思えば、たとえ、〝患者〟が嫌がっていても、〝苦い薬〟を飲ませなければいけないこともあるでしょう。

もし、銃弾を受けて手足が腐る恐れのある人には、外科医は「切断の判断」をしなければいけないこともあるように、時には厳しいことをせねばならない場合もあります。

やはり、「大きな愛」のためには、そういうこともあるわけです。

そういう意味では、沖縄のマスコミは少々煽りすぎているし、日本の左翼系の人たちもそれに便乗しすぎているところがあります。

したがって、私は、日本人が沖縄の人を差別したり見下したりしているとは思いません。沖縄への愛は十分に持っているし、沖縄に対して「独立してほしい」とか「中国の一部になってほしい」とか思っている日本人はほとんどいないと思います。

もし、足りないところがあるのであれば、言ってくださっても構わないとは思いますけれども、それが金銭的なものばかりで出てくると、やはり、勘違いする人も出てきます。ですから、沖縄には、観光産業以外にもしっかりと産業を興さなければいけないところもあるでしょう。

里村　はい。

軍備にも「自由のコスト」の面があることを知らねばいけない

大川隆法　沖縄を観光産業だけで捉えると、やはりビーチとホテルぐらいになるでしょう。それに対して出たがっているのは中国資本あたりであるため、今、「そちらの利益のほうが大きいぞ」と、利益誘導をされているはずなのです。これを知らなければいけません。

今、北京のほうでは、経済的にはかなり苦しい人たちが増えてきており、南の部分だけに多少の金が余ってはいるものの、全体的に見れば中国は貧しい状態にあることを知らなければいけないでしょう。ですから、（沖縄が）日本よりも貧しい状態になるということを知る必要があると思います。

つまり、香港(ホンコン)のときと同様に、最初は、「五十年間は、返還前と同じ状態のまま、一国二制度を維持する」などと言って釣っていたのに、今、あっという間に、香港の自由はなくなってきつつあるわけです。ＣＮＮが、「中国本土のことは、中国の報道では分かりません。ＣＮＮを通さなければ分からないんですよ」というようなことを言って宣伝していますが、そのＣＮＮにしても、いつ香港から撤去することになるかも分からない状況になりつつあります。

したがって、「自由を奪われる」ということが、どれほど大変なことかということを知らなければいけません。「自由のコスト」というのは高いのです。

里村　なるほど……。

大川隆法　軍備というものについても、「軍隊は暴力装置」とだけ考えるのは甘いわけです。それは、「自由のコスト」としてある面があります。警官が警棒と拳銃を持っていることに対しても、「市民から見たら危険だ」という言い方はできるでしょう?

里村　そうですね。

大川隆法　確かに、「警官が悪さをしたら、どうするんだ」ということはあるかもしれません。しかし、警官が〝暴力装置としての拳銃〟を持っていたとしても、そのおかげで、みな安心して、非武装で街を歩けたり、夜も眠れたりするところがあるわけです。

沖縄のトップ一人の判断で、今後の日本と世界の未来が変わる

大川隆法　米軍についても、いろいろなところで問題を起こしてはいるだろうとは思いますが、全体的に見れば、やはりマイナスよりも、恩恵を施しているところは

多いはずです。

現に、「オバマイズム」によって米軍が撤退していったら、世界中で紛争が多発し始めました。オバマ氏が、平和主義と、ノーベル平和賞につながるような行動を取ったところ、実際には、今、中東は泥沼化しつつあるのです。さらに、それがヨーロッパにも波及しつつあるし、アフリカにも波及しつつあります。すなわち、アメリカのトップ一人の判断で、実は、紛争が拡大しつつあるわけです。

したがって、沖縄のトップ一人の判断で、日本全体が危機になるだけでなく、今後の世界の未来も変わってくる可能性があります。

確かに、アメリカには悪いところもたくさんあるのかもしれませんが、日本はアメリカに負けて占領された後、よくなった面もかなりあるために、今、アメリカとの友好状態を続けているのだと思うのです。もし、本当に悪くなっていたら、やはり、もっともっと、「出ていけ運動」があったのではないでしょうか。

この人（翁長知事）は、安保時代に、「岸首相がクビになって、安保が改定できなくなり、中国寄りの政府ができたほうがよかった」と思った〝遺伝子〟を引いているように思われるので、その孫である安倍さんのところにも恨みが行っているということだと思います。

中国や北朝鮮を批判せず、日本政府だけを批判してはいけない

大川隆法　ただ、力は弱ってきつつあるものの、アメリカとつながっていれば、今のところ、日本は幸福なのではないかと、どう見ても私には思えます。今、中国が強く見せてはいますが、これも、どこまで本当かは蓋を開けてみないと、「報道の自由」を許さないかぎりは、まだ分かりません。

里村　分からないですね。

大川隆法　嘘か本当か分からないし、いいことだけを報道しているかもしれません。

ある意味で、今の中国には、戦前の日本のようなところがあり、「情報管制」をして軍事ばかりしているため、本当のところは分からないのです。

したがって、日本国政府ばかり批判するのではなく、中国や北朝鮮等がやっていることに対しても、きちんと批判する目は持ってほしいものです。

彼らにも言うべきことを言いながら、日本政府に言うのであればよいのですが、彼らに言うべきことを何も言わず、日本政府だけ批判するというのであれば、それは、左翼マスコミと同じ状態であり、統治者の側としては、少々問題があるのではないでしょうか。

里村　はい。

「沖縄の独裁」や「侵略の手引き」をしているように見えた守護霊霊言

大川隆法　もともと自民党に籍を置いていた方であるならば、知らないことはないのでしょうが、知事になるためだけに〝左〟にハンドルを切ったのか、それとも、本当にそう思っているのかは分かりません。ただ、今日聞いた内容のなかには、やや「過ぎたもの」があったように、私には感じられました。

それは、沖縄の自治や自由ではなく、「沖縄の独裁」をしようとしているようにも見えたし、あるいは、「侵略をさせようと手引き（てびき）している」ようにも見えたので、「沖縄の自由の創設」につながるのかどうかは分からないところです。

もう一段の認識の拡大を求めたいと考えます。

里村　はい。ありがとうございました。

あとがき

「彼を知り己を知れば百戦してあやうからず」という。おそらく、孫子をはじめ、諸葛亮孔明ら古代中国の軍師も使っていたであろう、千里の彼方に勝敗を決するマインド・リーディングの力を、現代的に再現してみせたのが、本書でのリーディングとスピリチュアル・インタビューである。

官邸のお困りのご様子を見て、国民に「正しさとは何かを伝える」という使命のため、あえて難しい仕事に取り組んだ次第である。

私も沖縄の民衆の未来を幸福に導きたいと願っている者である。人々の悲しみや苦しみを感じとることが宗教の使命でもある以上、差別的な意識から沖縄の人々の不幸を願っているわけでは、断じてない。また翁長知事をおとしめる目的もない。沖縄と日本全体の正しい針路をただ指し示したいのみである。

二〇一五年　四月七日

幸福の科学グループ創始者兼総裁
幸福実現党総裁　大川隆法

大川隆法著作関連書籍

『沖縄の論理は正しいのか？
　――翁長知事へのスピリチュアル・インタビュー――』
『パラオ諸島ペリリュー島守備隊長　中川州男大佐の霊言』（幸福の科学出版刊）
『「河野談話」「村山談話」を斬る！』（同右）
『世界皇帝をめざす男』（幸福実現党刊）

沖縄の論理は正しいのか？
―翁長知事へのスピリチュアル・インタビュー―

2015年4月8日　初版第1刷

著　者　大川隆法

発行所　幸福の科学出版株式会社
〒107-0052 東京都港区赤坂2丁目10番14号
TEL(03)5573-7700
http://www.irhpress.co.jp/

印刷・製本　株式会社 東京研文社

落丁・乱丁本はおとりかえいたします

ISBN978-4-86395-667-4 C0030
写真：時事

大川隆法 霊言シリーズ・アジア情勢の行方を探る

台湾と沖縄に未来はあるか？

守護霊インタヴュー
馬英九台湾総統 vs. 仲井眞弘多沖縄県知事

経済から中国に侵食される「台湾」。
歴史から中国に洗脳される「沖縄」。
トップの本音から見えてきた、予断を許さぬアジア危機の実態とは!?
【幸福実現党刊】

1,400円

中国と習近平に未来はあるか

反日デモの謎を解く

「反日デモ」も、「反原発・沖縄基地問題」も中国が仕組んだ日本占領への布石だった。緊迫する日中関係の未来を習近平氏守護霊に問う。

【幸福実現党刊】

1,400円

守護霊インタビュー

朴槿惠韓国大統領 なぜ、私は「反日」なのか

従軍慰安婦問題、安重根記念館、告げ口外交……。なぜ朴槿惠大統領は反日・親中路線を強めるのか？ その隠された本心と驚愕の魂のルーツが明らかに！

1,500円

※表示価格は本体価格（税別）です。

大川隆法「法シリーズ」・**最新刊**

智慧の法

法シリーズ
第21作

心のダイヤモンドを輝かせよ

現代における悟りを多角的に説き明かし、
人類普遍の真理を導きだす――。
「人生において獲得すべき智慧」が、
今、ここに語られる。
著者渾身の「法シリーズ」最新刊

2,000円

第１章　繁栄への大戦略
――一人ひとりの「努力」と「忍耐」が繁栄の未来を開く
第２章　知的生産の秘訣　――付加価値を生む「勉強や仕事の仕方」とは
第３章　壁を破る力　――「ネガティブ思考」を打ち破る「思いの力」
第４章　異次元発想法　――「この世を超えた発想」を得るには
第５章　智謀のリーダーシップ　――人を動かすリーダーの条件とは
第６章　智慧の挑戦　――憎しみを超え、世界を救う「智慧」とは

幸福の科学出版　※表示価格は本体価格（税別）です。

大川隆法 製作総指揮
長編アニメーション映画
UFO学園の秘密
The Laws of The Universe Part 0
信じるから、届くんだ。
STORY
ナスカ学園のクラスメイト５人組は、文化祭で発表する研究テーマに取り組んでいた。そんなある日、奇妙な事件に巻き込まれる。その事件の裏には「宇宙人」が関係しており、そこに隠された「秘密」も次第に明らかになって……。超最先端のリアル宇宙人情報満載！ 人類未確認エンターテイメント、ついに解禁！
監督／今掛勇　脚本／「UFO学園の秘密」シナリオプロジェクト
音楽／水澤有一　アニメーション制作／HS PICTURES STUDIO
10月10日、全国一斉ロードショー！
Hi!!!
UFO後進国日本の目を覚まそう!
UFO学園 検索

幸福の科学グループのご案内

宗教、教育、政治、出版などの活動を通じて、地球的ユートピアの実現を目指しています。

宗教法人　幸福の科学

一九八六年に立宗。一九九一年に宗教法人格を取得。信仰の対象は、地球系霊団の最高大霊、主エル・カンターレ。世界百カ国以上の国々に信者を持ち、全人類救済という尊い使命のもと、信者は、「愛」と「悟り」と「ユートピア建設」の教えの実践、伝道に励んでいます。

（二〇一五年四月現在）

愛

幸福の科学の「愛」とは、与える愛です。これは、仏教の慈悲や布施の精神と同じことです。信者は、仏法真理をお伝えすることを通して、多くの方に幸福な人生を送っていただくための活動に励んでいます。

悟り

「悟り」とは、自らが仏の子であることを知るということです。教学や精神統一によって心を磨き、智慧を得て悩みを解決すると共に、天使・菩薩の境地を目指し、より多くの人を救える力を身につけていきます。

ユートピア建設

私たち人間は、地上に理想世界を建設するという尊い使命を持って生まれてきています。社会の悪を押しとどめ、善を推し進めるために、信者はさまざまな活動に積極的に参加しています。

海外支援・災害支援

国内外の世界で貧困や災害、心の病で苦しんでいる人々に対しては、現地メンバーや支援団体と連携して、物心両面にわたり、あらゆる手段で手を差し伸べています。

自殺を減らそうキャンペーン

年間約３万人の自殺者を減らすため、全国各地で街頭キャンペーンを展開しています。

公式サイト **www.withyou-hs.net**

ヘレンの会

ヘレン・ケラーを理想として活動する、ハンディキャップを持つ方とボランティアの会です。視聴覚障害者、肢体不自由な方々に仏法真理を学んでいただくための、さまざまなサポートをしています。

公式サイト **www.helen-hs.net**

学部のご案内

人間幸福学部

人間学を学び、新時代を切り拓くリーダーとなる

人間の本質と真実の幸福について深く探究し、
高い語学力や国際教養を身につけ、人類の幸福に貢献する
新時代のリーダーを目指します。

経営成功学部

企業や国家の繁栄を実現し、未来を創造する人材となる

企業と社会を繁栄に導くビジネスリーダー・真理経営者や、
国家と世界の発展に貢献し
未来を創造する人材を輩出します。

未来産業学部

新文明の源流を創造するチャレンジャーとなる

未来産業の基礎となる理系科目を幅広く修得し、
新たな産業を起こす創造力と企業家精神を磨き、
未来文明の源流を開拓します。

校舎棟の正面

学生寮

体育館

住所 〒299-4325 千葉県長生郡長生村一松丙 4427-1
TEL.0475-32-7770

教育

学校法人 幸福の科学学園

学校法人 幸福の科学学園は、幸福の科学の教育理念のもとにつくられた教育機関です。人間にとって最も大切な宗教教育の導入を通じて精神性を高めながら、ユートピア建設に貢献する人材輩出を目指しています。

幸福の科学学園

中学校・高等学校（那須本校）
2010年4月開校・栃木県那須郡（男女共学・全寮制）
TEL **0287-75-7777**
公式サイト **happy-science.ac.jp**

関西中学校・高等学校（関西校）
2013年4月開校・滋賀県大津市（男女共学・寮及び通学）
TEL **077-573-7774**
公式サイト **kansai.happy-science.ac.jp**

ハッピー・サイエンス・ユニバーシティ（HSU）
TEL **0475-32-7770**

仏法真理塾「サクセスNo.1」 TEL **03-5750-0747**（東京本校）
小・中・高校生が、信仰教育を基礎にしながら、「勉強も『心の修行』」と考えて学んでいます。

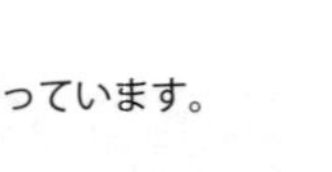

不登校児支援スクール「ネバー・マインド」 TEL **03-5750-1741**
心の面からのアプローチを重視して、不登校の子供たちを支援しています。
また、障害児支援の「**ユー・アー・エンゼル!」運動**も行っています。

エンゼルプランV TEL **03-5750-0757**
幼少時からの心の教育を大切にして、信仰をベースにした幼児教育を行っています。

シニア・プラン21 TEL **03-6384-0778**
希望に満ちた生涯現役人生のために、年齢を問わず、多くの方が学んでいます。

NPO
活動支援

ブログ **blog.mamoro.org**

いじめから子供を守ろうネットワーク

学校からのいじめ追放を目指し、さまざまな社会提言をしています。また、各地でのシンポジウムや学校への啓発ポスター掲示等に取り組む一般財団法人「いじめから子供を守ろうネットワーク」を支援しています。

公式サイト **mamoro.org**
相談窓口 **TEL.03-5719-2170**

政治

幸福実現党

内憂外患（ないゆうがいかん）の国難に立ち向かうべく、二〇〇九年五月に幸福実現党を立党しました。創立者である大川隆法党総裁の精神的指導のもと、宗教だけでは解決できない問題に取り組み、幸福を具体化するための力になっています。

党員の機関紙
「幸福実現NEWS」

TEL 03-6441-0754
公式サイト hr-party.jp

出版メディア事業

幸福の科学出版

大川隆法総裁の仏法真理の書を中心に、ビジネス、自己啓発、小説など、さまざまなジャンルの書籍・雑誌を出版しています。他にも、映画事業、文学・学術発展のための振興事業、テレビ・ラジオ番組の提供など、幸福の科学文化を広げる事業を行っています。

アー・ユー・ハッピー？
are-you-happy.com

ザ・リバティ
the-liberty.com

幸福の科学出版
TEL 03-5573-7700
公式サイト irhpress.co.jp

THE FACT
ザ・ファクト
マスコミが報道しない
「事実」を世界に伝える
ネット・オピニオン番組

Youtubeにて
随時好評配信中！

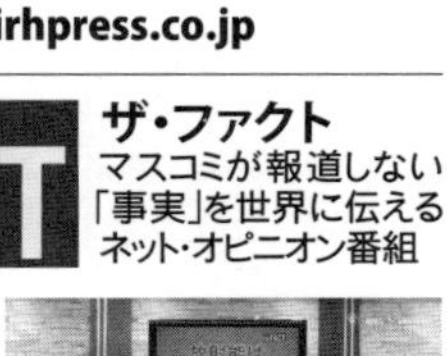

ザ・ファクト 検索

入会のご案内

あなたも、幸福の科学に集い、
ほんとうの幸福を
見つけてみませんか？

幸福の科学では、大川隆法総裁が説く仏法真理をもとに、「どうすれば幸福になれるのか、また、他の人を幸福にできるのか」を学び、実践しています。

入会

大川隆法総裁の教えを信じ、学ぼうとする方なら、どなたでも入会できます。入会された方には、『入会版「正心法語」』が授与されます。（入会の奉納は1,000円目安です）

ネットでも**入会**
できます。詳しくは、
下記URLへ。
happy-science.jp/joinus

三帰誓願（さんきせいがん）

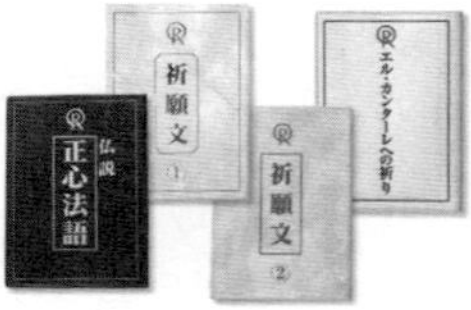

仏弟子としてさらに信仰を深めたい方は、仏・法・僧の三宝への帰依を誓う「三帰誓願式」を受けることができます。三帰誓願者には、『仏説・正心法語』『祈願文①』『祈願文②』『エル・カンターレへの祈り』が授与されます。

植福（しょくふく）の会

植福は、ユートピア建設のために、自分の富を差し出す尊い布施の行為です。布施の機会として、毎月1口1,000円からお申込みいただける、「植福の会」がございます。

「植福の会」に参加された方のうちご希望の方には、幸福の科学の小冊子（毎月1回）をお送りいたします。詳しくは、下記の電話番号までお問い合わせください。

月刊「幸福の科学」

ザ・伝道

ヤング・ブッダ

ヘルメス・エンゼルズ

INFORMATION

幸福の科学サービスセンター
TEL. 03-5793-1727（受付時間 火～金：10～20時／土・日・祝日：10～18時）
宗教法人 幸福の科学 公式サイト **happy-science.jp**